ちくま学芸文庫

ニーチェ入門

清水真木

筑摩書房

目次

ニーチェ百景 127

著作解題 187

プロローグ――新しき海へ

哲学史のコロンブス

一八八二年三月のある日、三十七歳のニーチェは、ふと思いついて旅に出た。当時避寒のため滞在していた北イタリアのジェノヴァを離れたニーチェが目指したのは、シチリア島のメッシーナである。ニーチェはそこに夏のあいだとどまるつもりであった。

ジェノヴァから帆船でシチリアに旅立ったニーチェは、しばらくして、一篇の詩を作り、ノートに書きとめている。のちに「新しき海へ」という表題を与えられて発表されることになる詩の原型をなすこの詩は、「新しきコロンブス」と名づけられていた。ジェノヴァに生れたコロンブスはアメリカ大陸を発見した。ニーチェは、ジェノヴァという地名が惹き起こす連想に誘われて、ジェノヴァで冬を過ごした自らを哲学の歴史におけるコロンブスになぞらえ、誰も踏み込んだことのない未知の経験へと足を踏み入れ、新しい洞察を手に入れることへの期待を書き記したのであろう。もっとも、ニーチェが自らの思想に認めていた新しさとは、当時の思想史的な文脈の内部における相対的な独創性ではない。人類の歴史に区切りを与える、ニーチェが自分自身を表現するために作った言葉を使うなら

「世界史的怪獣」（『この人を見よ』）によってもたらされるべき新しさでなくてはならなかった。ニーチェ自身は、自分の思想が新しさゆえにアクチュアリティを獲得するまでには、少くとも二百年の歳月が必要であると語っている。

けれども、ニーチェが世を去ってからわずか百年しか経っていない今日、ニーチェの思想は、当分獲得することはないであろうとニーチェが予想

ニーチェ（1882年）

していたアクチュアリティを早くも手に入れ、現代思想によって受容され、消化されて、歴史的文脈の内部に位置を与えられているかのように見える。

もちろん、二十世紀の思想がニーチェに与えてきた位置は決して一つではない。生の哲学、実存主義、現象学、フランクフルト学派、構造主義……、それぞれの時代のそれぞれの流行思想は、ニーチェを自らの先駆者と見做し、「先駆者ニーチェ」のうちにそれぞれ異なる現代的意義を発見してきたのであった。

そして、このような事実は、却って、ニーチェが指し示した「新しき海」、精神史上いまだ誰も足を踏み入れたことのない領域が踏査され測量されてはいないということを示しているのではないであろうか。コロンブスが発見したアメリカからはフロンティアが消滅

した。しかし、「新しきコロンブス」が目指す「新しき海」は、いまだに新しきもの、未知なるものであり続けているのではないであろうか。

ニーチェの「新しき海」がニーチェの死後一世紀を経ないうちにアクチュアリティを獲得してしまったとするなら、そして、まさに現代思想の先駆者としての何らかの位置がニーチェにとり正当なものであるとするなら、現代思想が「現代の」思想に過ぎぬかぎり、そして、いずれは自らアクチュアリティを失って歴史的存在になる定めであるかぎり、現代思想がその歴史的使命を終えるとき、ニーチェの思想もまた己の役割を終え、忘却の淵に沈んで行くことになるのであろうか。私はそのようには考えない。ニーチェが「新しき海」と名づけたものは、せいぜい百年の哲学史によって追いつかれ、消化され、古びてしまうような新しさではないはずだからである。

ニーチェの「新しき海」は、今日でもなお新しく、来たるべき時代において踏査され、測量され、海図が作られるとしてもなお新しいものであり続けるような思想であるべきであるように思われるのである。

もちろん、ニーチェの発言の中には、すでにニーチェの時代において一種のアナクロニズムであったもの、現代ではもはや通用しないものが含まれているかも知れない。しかし、そうしたものは、ニーチェの思想の本当の価値を決めるものではないはずである。「新しき海」をニーチェの言葉の中に発見することこそ、二十一世紀の読者、今後二百年以内にニヒリズムが極限に達するとニーチェが予言した世紀の読者の課題であろう。

ニーチェの言葉が指し示しているはずの「新しき海」とは何か、決して汲み尽くされず、乗り越えられることのない新しさとは何か、いつの時代にも古びることなく前衛であり、そのかぎりにおいて「反時代的」であり続けるものとは何か。本書では、「新しき海」を航海するための海図を、私なりに描いてみたいと思う。

ニーチェの遠さ

私にとって、ニーチェは初めから親近感の持てる著者というわけではなかった。ながいあいだ私には、ニーチェが面白いとは思えなかった。丹念に読んでも雑に読んでも、ニーチェの言葉は一つとして私の心に響いて来なかった。『ツァラトゥストラはこう語った』はニーチェの主著であり、ニーチェ崇拝者たちには一字一句が金言のように響くようであり、ニーチェ自身これを「これまで人類に対して捧げられた最大の贈物」と自画自讃している。しかし、私にはナンセンスとしか思えなかった。

解説書の類は私の役には立たなかった。解説書は、大抵の場合、ニーチェのある言葉を説明するのに、ニーチェの別の言葉を利用しているからである。説明のために使われている言葉の方がわからなければ何の役にも立たず、たとえわかったとしても、それがニーチェを離れて妥当なものとして通用すると思えなければ、それはやはり何の役にも立たない。

たしかに、そこに描かれたニーチェの思想とは、私にとって退屈と荒唐無稽以外の何ものでもなかった。そもそも、解説書の類に記されているニーチェの思想は、日常的な関心や生活感情からあまりにも遠く隔ったものであるように見えた。それゆえ、これが知らずには済まされないものとはどうしても信じられなかった。ニーチェについてこのような感じを持っている人は少くないと思う。

私は、ニーチェに親近感を持つことができなかった。それにも拘わらず、私は敢えてニーチェを卒業論文のテーマに選んだ。好きでもないニーチェをテーマに選んだのには、大した理由があったわけではない。ニーチェが現代思想に無視しえない影響を与えたと一般に言われているからであり、卒業論文のテーマに選ぶことでもなければ、時間をかけてニーチェを読む機会など一生訪れないであろうと考えたからであった。

とはいえ、哲学を専攻する者としてニーチェを読むからには、これまでの研究書をすべてゴミ箱行きにしてしまうような決定的に正しい解釈を残すことが義務であろうと私は考えた。「私は現に読まれていないし、読まれるべきでもない」(『この人を見よ』)「諸君には私の言うことなどわかるまい」(『曙光』) などと平然と書くニーチェに私は腹を立てていた。ニーチェに向って「あなたの言いたいことは要するにこういうことなんでしょう」と言い切って、ニーチェを黙らせてやる、と私は心に決めてニーチェを読み始めた。

しかし、いくらニーチェと格闘しても、ニーチェが本当に語ろうとしたことは何であったのか、ニーチェの思想の核心はどこにあるのか、一向に明らかにならないまま、そして、時間だけがむなしく過ぎて行った。私は、卒業論文だけでニーチェと縁を切るつもりであった。けれども、ニーチェがわかったという確信が持てず、私はそのままニーチェと格闘を続けることにした。修士論文のテーマは、またしてもニーチェであった。このままでは、ニーチェを黙らせるどころか、ニーチェに黙らせられてしまうのではないか、ニーチェを本格的に読み始めてから五年ほど経ち、博士課程に進学したころ、私は焦りを感じていた。

博士課程の一年目が終ろうとしていた。私は、散々悩んだ末、普通の哲学者の文章を読むときのような「内在的な」態度でニーチェを読むことを止めた。そして、私は、ニーチェの伝記を読んで周辺的な情報を集めながら、ニーチェが自分自身について語っている言葉を拾い集めて整理してみることにした。それによって、ニーチェが何を本当に強調しようとしたのかがわかり、ニーチェの思想の中で何が幹であり何が枝葉であるのかがわかるのではないかと考えたのである。

そもそも、ニーチェ研究の歴史の初期の段階では、伝記的・実証的研究が中心であった。かつての研究者たちは、ニーチェの人生についての細々とした事実を飽くことなく収集していた。しかし、その後ハイデガー（一八八九〜一九七六年）などの影響の下で、ニーチェは内在的に、すなわちある意味で恣意的に読まれるようになり、伝記的事実に即した研究は、徐々に周縁へと押しやられて行った。私は、道をちょうど反対に辿（たど）って古い研究のスタイルへと戻って行ったことになる。

健康と病気

そのような方向転換の結果、わかったことが二つある。一つは、ニーチェが、発狂の三年ほど前、一八八六年から一八八七年にかけて、新旧あわせて七つの著作のために七つの序文をまとめて執筆しており、これらの序文が全体として、ニーチェ自身の著作活動を回顧する一種の自伝として読むことができるということである。ニーチェは、七つの序文の中で、自らの著作が回想録であること、そこで語られているものが、健康な人間としての側面と病んだ人間としての側面をあわせ持つニーチェ自身であり、健康と病気こそ自らの思想の核心をなす概念であることを繰り返し強調している。

そして、私が知ったもう一つは、私以前に、それもニーチェと同時代に、「あなたの言いたいことは要するにこういうことなんでしょう」とニーチェに向ってアッサリと語り、しかもニーチェを降参させた人物がただ一人だけ存在するということであった。

あの一八八二年春、シチリアに渡ったニーチェは、間もなく、暑さのためにそこを逃げ出し、ローマに辿り着く。そのローマで出会った女性ルー・ザロメ（一八六一～一九三七年）、当時二十一歳の彼女こそ、ニーチェを降参させ、自らがニーチェの理想的な解釈者であるとニーチェ本人に認めさせたただ一人の人物であった。特に重要なのは、彼女のニーチェ論『作品に現れたフリードリヒ・ニーチェ』（一八九四年）の最初の三分の一である。なぜなら、この箇所の草稿は、彼女がニーチェと知り合った年の夏、ニーチェの前で彼女自身によって朗読され、ニーチェによって絶讃されているものだからである。そして、ルー・ザロメが、ニーチェの手になる七つの序文に先立つこと四年前に、

ルー・ザロメ

この草稿において強調しているのは、ニーチェの作品が一種の自伝として理解されるべきことであり、また、思想全体がニーチェに具わる健康と病気の二重性を反映しているということであった。ルー・ザロメがニーチェを先取りしたのか、それとも、ニーチェがルー・ザロメからアイディアを失敬したのか、それはわからない。確かなことは、両者の主張が内容の点でも表現の点でも酷似しているということであり、ルー・ザロメの見解がニーチェ自身の見解でもあったということである。言い換えるなら、ニーチェの思想は健康と病気の概念を手がかりとして理解されるべきである、ということである。恐らく、『この人を見よ』において、ルー・ザロメの文章との類似は一層明瞭に確認することができるであろう。カール・レーヴィット（一八九七〜一九七三年）は、ルー・ザロメの『作品に現れたフリードリヒ・ニーチェ』について、次のように語っている。「……この叙述は、一

八九四年に、したがって、『この人を見よ』におけるニーチェの自己描写が公開される前に現れた。性格描写の展望と成熟は、それだけに一層驚異的である」（『ニーチェの等しきものの永劫回帰の哲学』）。

ルー・ザロメのニーチェ論がニーチェの文章に似ているのではなく、反対に、ニーチェの文章がルー・ザロメのニーチェ論をなぞっているのであるなら、両者の類似は「驚異的」なことではない。むしろ不幸であったのは、ルー・ザロメのニーチェ論がほとんど読まれることなく、それゆえ、ニーチェとルー・ザロメとのあいだの一致という事実が忘れられてしまったということ、健康こそニーチェの思想を理解するための鍵であることが忘れられたことである。レーヴィットは、この点について次のように言う。「これに続く五十年のあいだ、これほど核心部分から着手された叙述が現れることはなかったのであるが、しかしまた、今日これほど無視されているものが現れることもなかったのである」（前掲書）。

ニーチェの七つの序文とルー・ザロメのニーチェ論、これら二つの文章によって、ニーチェの思想に対する私の見通しは急速に明るくなった。ニーチェが雑多なテーマについて書きなぐった長短さまざまな文章は、のっぺらぼうなテクストであることを止め、陰影と表情を手に入れ始めた。健康とその反対概念である病気こそ、ニーチェの思想の中心に位置を占めるものであり、ニーチェに固有の見解はすべて、健康や病気をめぐるニーチェの理解との関連において適切な位置を与えられることが明らかになってきた。ニーチェはいつからいつまで病気であったのか、ニーチェにとって健康とは何であり、病気とは何であったのか、健康や病気はニーチェの言葉にどのように反映されているのか、そして、ニーチェに帰せられているいくつかの有名な概念といかなる関係があるのか、一つ手がかりができると、具体的な疑問が次々に浮かんできた。これらの問に答えようとするうちにわかってきたことは、ニーチェの新しさが健康と病気をめぐるニーチェの理解に存すること、そして、その新しさが、日常的な関心や生活感情から遊離した「至高体験」のようなものにもとづくのではなく、あまりにも身近にあるために却って気づくことの困難なものであり、今日なお現代思想によって汲み尽くされてはいないものであるということであった。

ニーチェが指し示した「新しき海」、それは私たちの身のまわりに広がっている。そして、ニーチェが「新しき海」を発見するにいたる物語こそ、ニーチェの思想の出生の秘密を告げる健康と病気という対をなす概念を理解するための導きの糸に他ならないのである。

ニーチェ入門

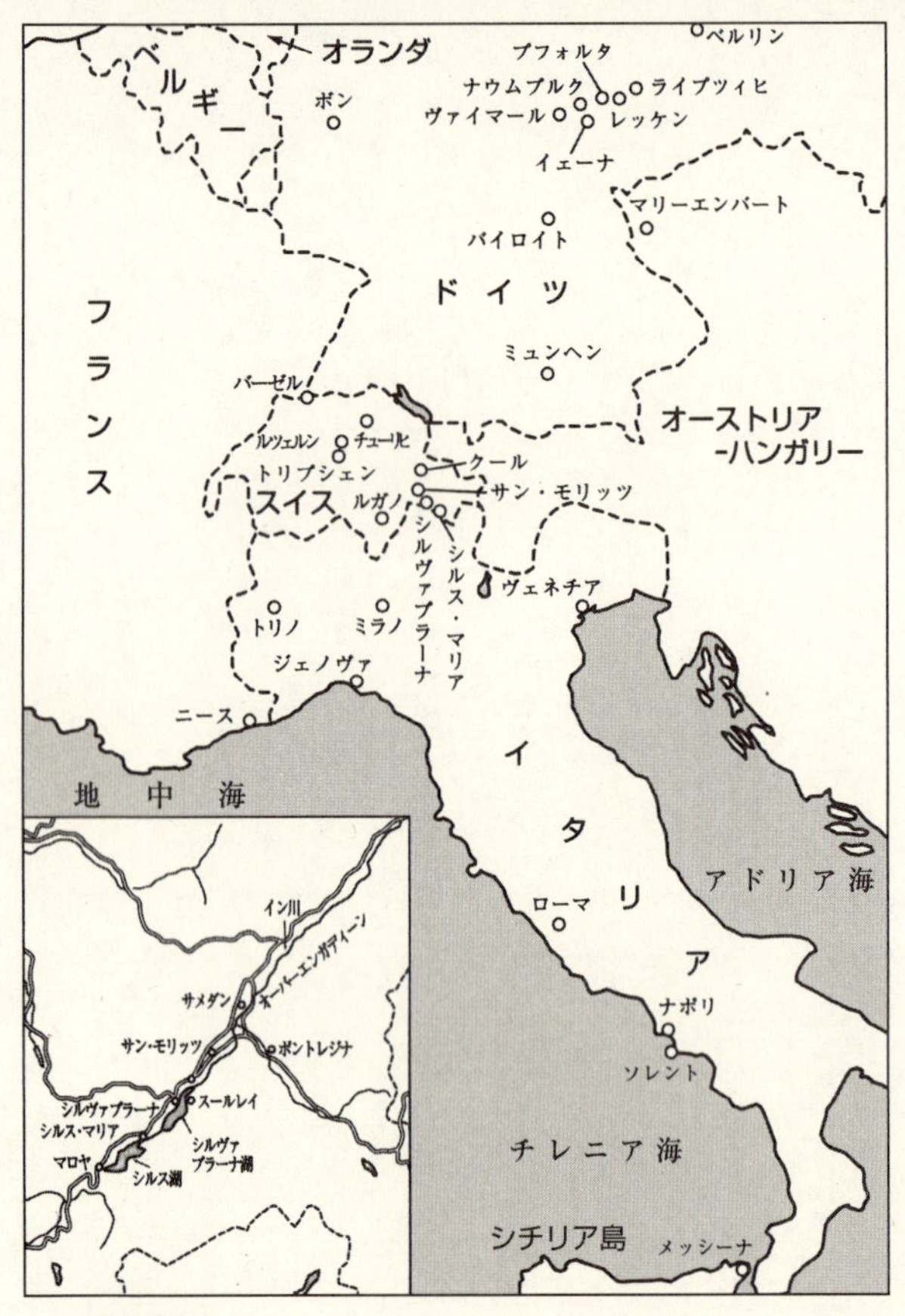
オランダ
ベルギー
ベルリン
プフォルタ
ナウムブルク
ライプツィヒ
ボン
ヴァイマール
レッケン
イェーナ
マリーエンバート
バイロイト
ドイツ
フランス
ミュンヘン
バーゼル
オーストリア
-ハンガリー
ルツェルン
チューリヒ
トリプシェン
クール
スイス
サン・モリッツ
ルガノ
シルヴァプラーナ
シルス・マリア
ヴェネチア
トリノ
ミラノ
ジェノヴァ
ニース
イ
タ
リ
ア
地中海
アドリア海
ローマ
ナポリ
ソレント
チレニア海
シチリア島
メッシーナ
イン川
オーバーエンガディーン
サメダン
サン・モリッツ
ポントレジナ
スールレイ
シルヴァプラーナ
シルス・マリア
シルヴァ
プラーナ湖
マロヤ
シルス湖

ニーチェ関係地図

ニーチェの生涯と思想

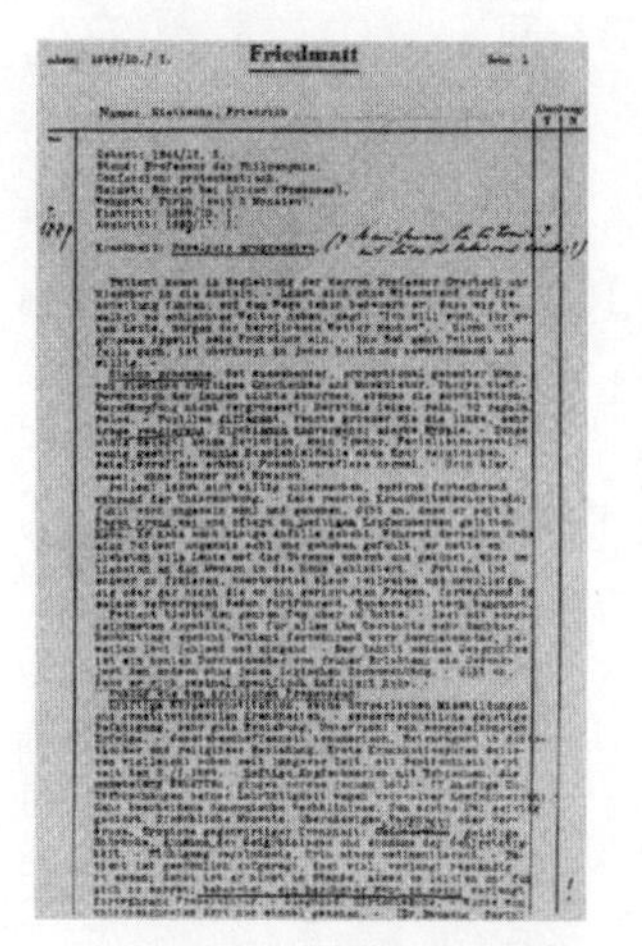
Friedmatt

バーゼルのフリードマット療養所
でのニーチェのカルテ

哲学者ニーチェ

ニーチェという名前を耳にするとき、私たちは、何かただならぬものを期待します。たしかに、哲学者ニーチェは、ただならぬものを告知するため、私たちのもとへ言葉を運びます。私たちが立つ地盤を掘り崩す言葉、遠大な歴史的展望の中へと私たちを投げ込む言葉、平凡な日常の出来事が持つ重大な意味に注意を払うよう促す言葉……、このような言葉は、ときには禍々(まがまが)しく、ときには悦ばしく、またときには哀しく私たちの耳に響きます。そして、告知者ニーチェ自身もまた、新しきものの先触れである以上、際立った経験と個性とを具えているに違いない、私たちはこのように期待します。ニーチェとは何者か、この問に答えることは、ニーチェが告げ知らせるものを理解する最良の手がかりを与えてくれるはずです。

それでは、ニーチェとは何者なのでしょうか。しかし、この問に対して与えられる答は一つではありません。

まず考えられるのは、「ニーチェは哲学者である」という答です。ニーチェが十九世紀に生れ十九世紀に世を去った十九世紀の哲学者であること、彼が歴史に名をとどめているのがその思想のおかげであること、これは間違いありません。

一八六九年、二十五歳の秋に、ニーチェは、ギリシア悲劇を主題とする著作の執筆を計画します。のちにニーチェ最初の作品『悲劇の誕生』（一八七二年）へと収束するこの計画とともに、哲学者ニーチェは、その第一歩を踏み出します。それから約二十年間、一八八九年一月に四十四歳のニーチェを襲う精神錯乱にいたるまで、ニーチェは、おびただしい数の著作を執筆、公刊します。もちろん、これらの著作は、哲学者ニーチェの手になるものとして読まれるべきものでしょう。

とはいえ、誰もが思い浮かべるであろう「哲学者」という答は、必ずしも十分なものではありません。

ニーチェの名が哲学者として現在に伝えられているのは、その思想がオリジナリティを具えているからです。しかし、ニーチェのオリジナリティとは何であり、そのオリジナリティが何に由来するのかということがわからないかぎり、ニーチェという百年以上前に世を去った人物を今日の読者が哲学者として扱う理由はありません。ニーチェとは何者かという問が要求しているのは、ニーチェの生涯と思想とを重ね合わせることです。そして、この問によって本当に問われているのは、思想の方のオリジナリティに対応する人物の側の個性に他なりません。「私は私、著作は著作である」と晩年のニーチェは語っています。しかし、ニーチェほどその生涯と思想が分かちがたく結びついている例は稀なのです。

ニーチェはドイツ人か

そこで登場するのが、「ニーチェはドイツ人である」という答です。これは、ニーチェとは何者かという問に対する正しい答でしょうか。残念ながら、この答は、二つの意味において十分なものではありません。

たしかに、ニーチェの母語はドイツ語であり、その文章はドイツ語で綴られています。また、ニーチェは、自らの先祖がポーランドの貴族であると、いたるところで強調していますけれども、最近の調査では、ニーチェの家系をいくら遡っても、ドイツ語圏以外の地域の出身者は見出せないということが確認されています。もちろん、使用している言語と出身の地域に従ってニーチェをドイツ人と呼ぶことは不可能ではありません。しかし、哲学者ニーチェのオリジナリティを、彼がドイツ人であるという事実にもとづいて説明することは困難です。ニーチェの場合、むしろ、両者は、不自然な形で切り離されているのです。

一八四四年、ニーチェが現在のドイツ連邦共和国に生れたとき、ドイツという国は存在していませんでした。ニーチェが生れたザクセン地方は、プロイセン王国の統治下にありました。ニーチェは、「フリードリヒ＝ヴィルヘルム・ニーチェ」という名を持っています。ニーチェの誕生日十月十五日は、ニーチェ誕生の年、一八四四年当時のプロイセン王フリードリヒ＝ヴィルヘルム四世（一七九五〜一八六一年、在位一八四〇〜一八六一年）の誕生日でもあり、ニーチェは、ザクセン州の寒村レッケンの牧師であった父から王の名を与えられたのです。

さらに、一八六九年春、スイスのバーゼル大学の員外教授に就任する際、ニーチェはプロイセンの市民権を放棄してスイス国籍を取得し、スイス人になります。そして、一九〇〇年に、法律的にはスイス人のまま世を去ります。ニーチェは、人生の最初の二十四年間は「プロイセン人」、その後の三十一年間は「スイス人」であったことになります。「ドイツ帝国」が成立したのは、ニーチェがスイス国籍を得たのち一八七一年のことであり、ニーチェがその国民、すなわち法律上の「ドイツ人」であったことは一度もありません。「ニーチェはドイツ人である」という答よりも、「ニーチェはスイス人である」という答の方が、法律的には、はるかに正解に近いことになりましょう。

また、哲学者として活動した二十年のうち、ほとんどの期間を、ニーチェはスイス、イタリア、フランスで過ごしており、ドイツ帝国内に滞在していたのは、ごくわずかな日数に過ぎません。哲学者ニーチェには、ドイツ帝国に居住した実績もほとんどないのです。

さらに、「ニーチェはドイツ人である」という答が、ニーチェが負っているドイツ語圏固有の文化的伝統に関するものであるとしても、やはりこれを正解と認めることは容易ではありません。ニーチェの思想のオリジナリティは、ドイツ語圏の思想風土という文脈の内部において自然な形で説明できるものではないのです。

たしかに、ゲーテ（一七四九～一八三二年）やシラー（一七五九～一八〇五年）に代表されるドイツ語圏の古典に関し、ニーチェは十分な知識を持っていました。また、アマチュアの作曲家として、ピアノ曲や歌曲、管絃楽曲を残したニーチェは、ヴァーグナー（一八一三～一八八三年）やベートーベン（一七七〇～一八二七年）、シューマン（一八一〇～一八五六年）などの作曲家たちに無関心であったわけでもありません。

それどころか、一八六〇年代初頭、ギムナジウムの生徒であったニーチェは、当時はほとんど完全に忘れられていた詩人フリードリヒ・ヘルダーリン（一七七〇～一八四三年）を独力で発見しています。テュービンゲン大学でシェリング（一七七五～一八五四年）やヘーゲル（一七七〇～一八三一年）と同窓で、二十歳代後半から次第に精神に異常を来たし、軟禁状態の中で詩を作りながら世を去ったこの天才的な詩人が忘却の淵から救い出され、その名が古典作家として標準的な文学史に記されるようになるまでには、それからさらに二十年もの歳月が必要でした。これは、ニーチェがドイツ語圏の文化について当時の平均的な水準をはるかに越える知識と鑑識眼と理解力とを持っていたことを示す事実です。そして、このような豊富な知識がなければ、ニーチェの主著『ツァラトゥストラはこう語った』（一八八三～一八八五年）の特徴ある表現方法もまた生れえなかったに違いありません。

それにも拘わらず、哲学者ニーチェは、ドイツ文化の正統的な継承者ではありません。

その理由は、ニーチェが生きた十九世紀後半のドイツ語圏で進行していたある特殊な事態に求めることができます。当時、ドイツ語圏では、その固有の思想的伝統が消滅しつつありました。十九世紀初頭のドイツ語圏では、カント（一七二四～一八〇四年）の影響のもと、新しい哲学の建設を目指す思想運動が始まりました。詩人ハインリヒ・ハイネ（一七九七～一八五六年）は、これを「哲学革命」（『ドイツにおける宗教と哲学の歴史について』）と名づけます。しかし、一八三一年のヘーゲルの死を契機として、この思想運動の熱気は急速に冷め、ドイツ語圏固有の哲学の地盤沈下が始まります。際立ってドイツ的な哲学、すなわちフィヒテ（一七六二～一八一四年）、シェリング、ヘーゲルに代表される「ドイツ観念論」の重要な著作はほとんど読まれなくなります。かつて哲学界を支配していたヘーゲル学派は、ヘーゲルの死後、キリスト教の歴史的位置づけの問題をめぐって四分五裂し、無政府状態に陥ります。世紀半ばにカントの復権が一つの潮流となるとともに、ドイツ観念論は、カント主義者オットー・リープマン（一八四〇～一九一二年）の言葉を使うなら、カントを形而上学的に歪曲する「亜流者たち」の哲学、「それゆえカントに還らねばならぬ」（『カントと亜流者たち』）という掛け声によって克服されるべきものと見做されるようになります。カントの復権は、この時代の反形而上学的な雰囲気を象徴するものでした。これはドイツ文化の非哲学的傾向の反映でもありました。カント主義は、科学の基礎づけへと自らの課題を制限することにより、同時代の文化に対する影響力を自ら放棄してしまうからです。また、この時代、イギリスやフランスから経験論、功利主義、進化論、実証主義などが積極的に取り入れられ、ドイツ観念論の凋落によって生じた空隙を埋める役割を果たします。ヘーゲルの死から現象学の登場まで――ニーチェの全生涯はこれら二つの出来事のあいだに完全に収まっています――は、ドイツ語圏の文化が歴史上稀に見るほど非哲学的であった時代、いわばドイツ哲学の「暗黒時代」であったと言うことができるでしょう。

ニーチェ自身もまた、このような雰囲気から自由であったわけではありません。ニーチェは、ドイツ語圏の文学には興味を示しますが、哲学的伝統の方にはほとんど関心を示しません。ニーチェの蔵書の中にはカント、フィヒテ、シェリング、ヘーゲルの著作が一点も含まれていないという事実は、こうしたいかにもドイツ的な哲学的伝統に対するニーチェの関心がいかに希薄であったかを物語るものと言わねばなりません。ニーチェがドイツ語圏の哲学について持っていた知識は断片的であり、しかも、主にショーペンハウアー（一七八八～一八六〇年）やアフリカーン・スピール（一八三七～一八九〇年）などの在野の哲学者たちを介した間接的なものに過ぎませんでした。けれども、その結果、ニーチェの思想形成は、ドイツ語圏特有の思想風土とは無縁なところで進められて行きます。ニーチェが批判的に吟味したのは、同時代のイギリスやフランスの思想家たち、あるいは十七世紀、十八世紀の哲学者たちでした。

ニーチェが哲学者であるとしても、ニーチェをドイツ語圏の思想風土の中で理解することができるわけではありません。ドイツ語で文章を綴ったこと、そして、ドイツ語圏の文化全般について豊富な知識を持っていたこと、これらの点を除けば、ニーチェに関し、ドイツ的なるものを想起させるような要素は多くはないと言わねばなりません。

牧師の息子ニーチェ

ところで、ニーチェが晩年に試みたキリスト教に対する批判は、「ニーチェは牧師の息子である」という答を可能にするように見えます。たしかに、ニーチェが牧師の息子であるという事実に着目するなら、自らを「反キリスト者」と呼ぶ哲学者ニーチェのオリジナリティをキリスト教との対決に求めることができるかも知れません。ニーチェのキリスト教批判は、自らがキリスト教から離れることのできない無力の裏返しであるという、うがった解釈すら試みられてきました。

母フランツィスカ（50歳代）

前に述べたように、ニーチェが生れたのは、一八四四年十月十五日。生れたのは、ザクセン州の寒村レッケンの牧師館です。彼の父は、牧師カール゠ルートヴィヒ・ニーチェ（一八一三〜一八四九年）、レッケンの牧師館の主でした。レッケンの牧師となる前、プロイセン王フリードリヒ＝ヴィルヘルム四世の宮廷で家庭教師として数年間王女たちの教育に携わり、その後王からレッケンの牧師に任命されたカール＝ルートヴィヒは、プロイセン王室のホーエンツォレルン家に強い尊敬の念を抱いており、長男が十月十五日つまり王の誕生日に生れたことに感激し、長男に対し王の名をそのまま与えたのです。

ニーチェ（1864年）

ニーチェにとって、牧師は馴染みの深い職業でした。彼の父が牧師であるばかりではなく、二人の祖父もともに牧師だったからです。ニーチェ家にとり、牧師は家業のようなものだったことになります。ニーチェもまた、早くに世を去った父カール＝ルートヴィヒの跡を継いで牧師になることを周囲から当然のこととして期待されており、実際、大学入学当初は、神学を専攻していました。それにも拘わらず、ニーチェは神学から古典文献学へと転向し、さらに、古典文献学者から哲学者へと自らのアイデンティティを取り替えます。

これについては、ニーチェが母フランツィスカ（一八二六～一八九七年）に対し信仰を失ったと語ったこと、母とのあいだに口論のあったこと、ある親類がニーチェが信仰を取り戻すことに期待を表明したことが伝えられているに過ぎません。

とはいえ、十九世紀後半のヨーロッパでは、すでに、キリスト教信仰に対する懐疑的な態度は、それ自体としては珍しいものではなく、社会に衝撃を与えるような性質のものではありませんでした。また、牧師の子弟でありながら自らは牧師とはならないという選択も、特別稀なものではありませんでした。

ただし、ニーチェが牧師の息子であるという事実を前提とすることによって初めて理解可能になるものがあるとすれば、それはニーチェの著作活動の背後に潜む使命感のようなものの正体であるに違いありません。

ドイツ語圏において牧師であること、これは単に宗教家であることを意味しませんでした。牧師は、上流市民階級の代表的な職業の一つであり、牧師には、文化を指導する役割が期待されていました。実際、ドイツ語圏を代表する知識人の多くは、牧師あるいは牧師の子弟です。ニーチェの使命感は、出身の社会階層によって説明されるべきものなのです。

文献学者ニーチェ

ニーチェとは何者か。この問には、さらにいくつかの答を用意することができます。その一つが「ニーチェは古典文献学者である」というものです。ニーチェは、ギリシア語、ラテン語で記された古代の文献について豊富な知識を持っていました。このことは、ニーチェの手になる文章を読めば誰もが気づくことでしょう。ニーチェは、三十四歳でバーゼル大学教授の職を健康上の理由によって放棄するまで、古典文献学の研究者として生活の糧を得ていました。たしかに、ニーチェにはその資格がありました。ギリシア哲学についてのニーチェの研究は、当時としては最高の水準のものだったからです。

それでは、古典文献学は、ニーチェの思想形成にどの程度影響を与えたのでしょう。ニーチェに帰せられている重要な概念のうち、例えば「等しきものの永劫回帰」は、紀元前五世紀の哲学者ヘラクレイトスの影響の下で生れたという解釈があります。ニーチェの思想のオリジナリティは、古典文献学者としてのニーチェの研究を考慮しなければ説明することができないようなものなのでしょうか。

ギリシア語、ラテン語とニーチェとの結びつきは、人生の早い時期に始まります。

プフォルタ学院は、十三世紀に建設されたシトー派の修道院に起源を持つ教育機関で、十六世紀以降、ギリシア語、ラテン語の教育を介した人文主義教育を特色とする全寮制のギムナジウムとして多くの卒業生を送り出してきました。卒業生の中には、クロプシュトック（一七二四～一八〇三年）、フィヒテ、シュレーゲル兄弟（兄一七六七～一八四五年、弟一七七二～一八二九年）、ランケ（一七九五～一八八六年）など、文化史に名をとどめる多くの知識人が含まれています。そして、このような伝統を持つプフォルタ学院の卒業生に、社会は文化を指導する役割を期待していました。プフォルタ学院の名は、ニーチェの時代にもなお、ドイツ語圏全域から優秀な生徒を集める力を持っていました。

ニーチェ自身、プフォルタ学院で学ぶことを早い時期から望んでいました。そして、ニーチェが希望していたこの名門のギムナジウムへの入学が、一八五八年秋、十四歳のときに実現します。

当時ニーチェは、母や妹とともにザーレ河畔の小都市ナウムブルクに住み、ナウムブルクの聖堂附属ギムナジウムに通っていました。すでに父はニーチェが四歳のときに世を去り、一家は一八五〇年以来レッケンを離れ、ナウムブルクで暮していました。そして、このギムナジウムで首席を通していたニーチェにプフォルタ学院が注目し、編入を勧めたのです。学費は、ナウムブルク市が奨学金の形で全額負担することになりました。

プフォルタ学院では、一日の大半の時間がギリシア語とラテン語の学習に充てられ、これら二つの科目では、学校は、習得のため、特に厳しい訓練を生徒たちに課していました。プフォルタ学院でのニーチェは、このギムナジウムが特に重視するギリシア語とラテン語について、際立って優れた成績を残しています。プフォルタ学院にとって、ギリシア語とラテン語に関し、学校が要求する水準を越える成果を収めたニーチェは、理想の生徒であったことになります。

一八六四年秋、二十歳のニーチェは、紀元前六世紀のギリシアの箴言(しんげん)作家メガラのテオグニスについてのラテン語の卒業論文を提出し、正味六年間在学したプフォルタ学院を卒

文献学協会（1866年）　前列左端がニーチェ、前列右端がローデ

業して大学に進みます。

ニーチェが大学生として最初の一年を過ごしたのはボン大学です。すでに述べたように、ニーチェはここで初め神学を専攻します。しかし、ニーチェは、やがて専攻を古典文献学に変更し、一年後にはボンを去り、ライプツィヒ大学に移ります。ちょうど同じころ、文献学界の大物フリードリヒ・リッチュル（一八〇六～一八七六年）がボンを離れ、ライプツィヒ大学教授となっていました。

一八六六年初め、ニーチェは、リッチュルの強い勧めで、当時知り合ったばかりのエルヴィーン・ローデ（一八四五～一八九八年）を初めとする仲間とともに「文献学協会」という研究のためのサークルを結成し、そこでテオグニスについて講演します。これは、プフォルタ学院での卒業論文をもとにしたものでした。講演のあと、ニーチェはリッチュルを訪ね、講演の原稿を渡し一読するよう依頼します。面倒くさそうな顔つきで原稿を受け取ったリッチュルは、しかし、これを読むと即座にニーチェの才能を認め、原稿に加筆した上で自らが主宰する雑誌に掲載することをニーチェに熱心に勧めます。リッチュルの四十年以上に及ぶ教育歴の中で、その雑誌に論文の掲載を認められた現役の大学生は、ニーチェただひとりです。この事実は、ニーチェに対するリッチュルの期待がいかに大きかったかを物語っています。

リッチュルの秘蔵っ子として学界に登場したニーチェは、主としてヘレニズムの「学説誌」に関する研究を短期間のうちに相次いで発表します。これらの研究はいずれも、当時としては画期的なものであり、学界から高い評価を与えられました。その中でもっとも重要なのは、一八六七年夏、ライプツィヒ大学哲学部が募集した懸賞論文に応募し入選した「ディオゲネス・ラエルティオスの典拠について」という表題を持つラテン語の論文です。ニーチェは、紀元後三世紀の匿名の哲学史家に関するこの論文を初めとするいくつもの業績によって、当時の学界において、将来の文献学界を担う天才として期待されるようになって行きます。

二年後の一八六九年春、ニーチェはスイスのバーゼル大学に招かれ、員外教授（日本の助教授に相当）に就任します。このときニーチェは二十四歳、これは異例の若さでした。しかも、バーゼル市当局がニーチェに就任を打診したとき、ニーチェはライプツィヒ大学の学生であり、教授資格を持っていなかったばかりではなく、博士号（日本の学士号に相当）すら取得していませんでした。ニーチェには、大学で教職に就くために必要なあらゆる形式的な資格が欠けていたことになります。それにも拘わらず、年長の候補者四人を抑えて、ニーチェはバーゼル大学に迎えられます。就任のために必要な資格はすべて無試験でライプツィヒ大学から授与されました。この事実もまた、リッチュルを中心とする学界のニーチェに対する期待の大きさを示すものと言わねばなりません。

なお、リッチュルは、ニーチェをバーゼル市当局に推薦するに当たり、ニーチェの文献学者としての能力を保証する事実として、ニーチェがプフォルタ学院の出身であることを強調しています。プフォルタ学院における古典語教育は、それほど水準の高いものであり、古典文献学者としてのニーチェの知的活動の基盤であったことがわかります。

しかしながら、古典文献学者ニーチェの研究の成果と、哲学者ニーチェの著作活動の成果とのあいだに直接の関連を見出すことはできません。古典文献学とは、元来、ギリシア語、ラテン語で記された文献について、複数の写本を照合して異同を明らかにし、テクストの伝承の過程で混入した誤記や脱落を解消することにより、最初に書かれた通りにテクストを復元する、実証的で散文的な作業です。したがって、古典文献学者ニーチェの手になる論文はすべて、無味乾燥な証明の手続から成り立ち、ニーチェ自身の思想を表すものとして理解可能な表現をそこに見出すことはできません。たしかに、古典文献学を学ぶことにより、ニーチェは多くの知識を手に入れました。そして、このような知識が、哲学者としてのニーチェにとって何らかの手がかりとなったこともまた間違いありません。しかしながら、文献学者としての研究の成果を、哲学者ニーチェの著作活動の成果と連続したものと見做すことは、さしあたり無理であると考えねばならないでしょう。

ヴァーグナー主義者ニーチェ

ところで、ニーチェの思想のオリジナリティを、ニーチェに直接影響を与えた人物との関係に求めることも、ニーチェとは何者かを知るための一つの手段となるはずです。そして、その場合、第一に名を挙げられねばならないのは、間違いなくリヒャルト・ヴァーグナーでしょう。それでは、「ニーチェはヴァーグナー主義者である」という主張は正しいでしょうか。この際立って個性的な音楽家とニーチェとの直接の交渉は、わずか十年のあいだ続いたに過ぎません。しかし、その影響は、この十年間を越えて、ニーチェの人生のはるかに広い範囲に及んでいるように見えます。

ニーチェとヴァーグナーとの最初の出会いは、一八六八年秋、ニーチェ二十四歳のときに溯ります。その直前にナウムブルクでの一年間の兵役を終え、ライプツィヒに戻っていたニーチェは、ヴァーグナーが親類を訪ねて故郷のライプツィヒに秘かに滞在中であるという情報を手に入れ、ヴァーグナーに面会を申し込みます。ヴァーグナーの方も、自分の作品に詳しいというニーチェの評判を人づてに聞き、面会に意欲を示します。そして、会談は、十一月のある雨の降る夜に実現しました。ライプツィヒでのこの会談で、三十一歳も年の離れた二人は、ともに愛読していたショーペンハウアーの話題などで意気投合し、ヴァーグナーは、ニーチェを自宅に招待します。

そのころのヴァーグナーは、バイエルン王国からの国外退去を命じられたため、活動の拠点としていたミュンヘンを離れ、スイス中部の都市ルツェルン近郊のトリプシェンに、芸術上の同志である年下の音楽家ハンス・フォン・ビュロー（一八三〇〜一八九四年）の妻で、当時ヴァーグナーと内縁関係にあったフランツ・リスト（一八一一〜一八八六年）の娘コージマ・フォン・ビュロー（一八三七〜一九三〇年）とともに隠棲していました。このような不本意な状況下でのヴァーグナーは、当然のことながら、自分の芸術を理解してくれる同志を切実に必要としていました。

ライプツィヒで始まったニーチェとヴァーグナーとの関係は、翌一八六九年春、ニーチェがバーゼルに赴任したのち、トリプシェンのヴァーグナー邸を訪問したのをきっかけに復活し、最初はトリプシェンを舞台として、さらに、一八七二年春にヴァーグナーと、フォン・ビューローと離婚し正式にヴァーグナーの妻となったコージマの二人がバイエルン国王ルートヴィヒ二世（一八四五〜一八八六年、在位一八六四〜一八八六年）の庇護の下、同王国内の小都市バイロイトに居を移したのちには、同地のヴァーグナー邸、通称「ヴァーンフリート荘」を舞台として続けられて行きます。

ニーチェとヴァーグナーとの関係がこの上なく親密で、ニーチェがヴァーグナーを心底尊敬していたのは、トリプシェン時代のことです。ニーチェは、ヴァーグナー邸を休日のたびに繰り返し訪問し、一家の親しい友人として歓迎されていました。晩年のニーチェは次のように回想します。「……私は、残りの人間関係は安値で手放す。しかし、トリプシエンの日々はどんな値段をつけられても私の人生から切り取って売り渡したくない。それは、信頼と快活と崇高な偶然の日々……もっとも深い瞬間の日々であった。……私は他の人々がヴァーグナーについて何を経験したのか知らない。私たち〔ニーチェとヴァーグナー〕の空には、ただ一片の雲も横切ったことはなかったのだ……」（『この人を見よ』）。

ところで、ヴァーグナーは、ニーチェが四歳のときに世を去った父カール＝ルートヴィヒと同じ一八一三年の生れで、一八七二年にトリプシェンからバイロイトに移ったときには、五十九歳になろうとしていました。その作品、すなわち「舞台祝祭劇」のうち主要なものはすでに発表されており、あとは『ニーベルングの指環』（一八七六年初演）と『パルジファル』（一八八二年初演）を残すだけになっていました。音楽家としてのヴァーグナーの経歴は最終段階に入っていたことになります。そのヴァーグナーがバイロイトに居を移したのは、自らの作品を理想的な環境で上演する施設、すなわち「祝祭劇場」を建設するという大事業を進めるためでした。すでに用地の取得は済んでいました。しかし、建設資金を集め、上演のために政治的な支援を取りつける運動がさらに進められねばなりませんでした。一八七二年五月二十二日、ヴァーグナーの五十九歳の誕生日に、バイロイトで祝祭劇場の起工式が行われます。その会場にニーチェの姿があったことは言うまでもありません。

ところが、祝祭劇場建設の計画が進行するにつれて、ニーチェのヴァーグナーに対する熱狂は冷めて行きます。ニーチェを惹きつけていたのは、トリプシェンのヴァーグナーであり、芸術家ヴァーグナー、すなわち、ニーチェを含む芸術上の同志に囲まれて作曲に携わるヴァーグナーでした。このかぎりにおいて、劇場建設の計画はニーチェにとって歓迎すべきものでした。

しかしながら、劇場を建設するためには、克服すべき実際的な困難がいくつもありました。一つは、ヴァーグナーが抱えていた政治的な問題です。ヴァーグナーは、一八四八年の三月革命の際、ドレスデンの宮廷音楽師でありながら革命に同調したため、指名手配を受けており、後援者ルートヴィヒ二世の側近からは政治的にいかがわしい信条の持ち主と見做され、警戒されていました。また、劇場建設のための資金の問題もありました。ヴァーグナーがあまりにも多額の援助を求めたため、バイエルンの宮廷からの資金援助が打ち切られてしまい、これに代わるものとしてヴァーグナーや支援者たちが考案した方法による資金集めは次々に失敗して行きます。

これらの困難を克服するために奔走するヴァーグナーは、ニーチェから見ると、もはや芸術家ではなく、興行師でした。劇場建設を目指してバイロイトに移り住んだヴァーグナーの周囲には、音楽史におけるヴァーグナーの位置や使命を理解する能力など持ち合わせていないとニーチェには見えた貴族や金持ちが集まり始めます。ヴァーグナーの周囲にはスノッブな雰囲気が生れ、ニーチェは次第に居心地の悪さを感じるようになります。それとともに、スノッブな雰囲気に迎合しようとするヴァーグナーの態度にニーチェは幻滅を感じるようになったのでした。

やがて、一八七六年夏、いくつもの困難を乗り越え、祝祭劇場が完成し、ここを会場として、第一回バイロイト音楽祭が開催されることになります。大作『ニーベルングの指環』が四日かけて上演される予定になっていました。音楽祭に招待されたニーチェは、体調の不良を押して、刊行されたばかりの著作『反時代的考察第四篇　バイロイトにおけるリヒャルト・ヴァーグナー』を携えてバイロイトに向かいます。しかし、バイロイトに到着し、ヴァーンフリート荘を訪問したニーチェは、またしてもそこに興行師ヴァーグナーを見出して失望します。後援者ルートヴィヒ二世ばかりではなく、ドイツ皇帝ヴィルヘルム一世（一七九七〜一八八八年、在位一八七一〜一八八八年）までバイロイトに姿を見せていました。王や皇帝が宮廷の外、しかもバイロイトのような辺境の地で開催される音楽祭に出席するのは異例のことでした。結局、バイロイトには、ニーチェが求める知的な人間関係が生れるような雰囲気はありませんでした。当時著しく健康を損ねていたニーチェは、苛立ちを覚えて一度はバイロイトから逃げ出します。しかし、途中で考えを変えてバイロイトに戻り、音楽祭の期間中滞在を続けます。晩年のニーチェは、バイロイトで感じた幻滅を回顧しています。「……ある日バイロイトで目を覚ましたとき、私がどのような気分であったか言い当てていただけるであろう。……まるで私は夢を見ているようであった。……私は一体どこにいたのであろうか。私には何一つとして見覚えのあるものはなく、ヴァーグナーを見分けることもほとんどできなかった。私は記憶のページをむなしくパラパラとめくってみた。トリプシェン――それは至福の人々が住む遠く離れた島であった。それに似たものの影もなかった。〔バイロイト祝祭劇場の〕起工式の比類ない日々。小人数のいっくりした仲間がこれを祝ったのだが、この仲間には、繊細な物事を扱う指を望む必要もなかった。それに似たものの影もなかった。何が起ったのか。――ヴァーグナーがドイツ語に翻訳されたのだ。ヴァーグナー主義者がヴァーグナーの主人になってしまったのだ。――ドイツの芸術、ドイツの楽匠、ドイツのビール……」（『この人を見よ』）。

一八七六年の秋以降、ニーチェはさらに体調を崩し、バーゼル大学を一年間休職することになります。そして、ニーチェは、年下の知り合いパウル・レー（一八四九～一九〇一年)とともに、ヴァーグナーの後援者の一人マルヴィーダ・フォン・マイゼンブーク(一八一六～一九〇三年)が南イタリアのソレントに所有する別荘に招かれ、冬のあいだそこで療養生活を送ります。

ニーチェがソレントに到着してしばらくしたころ、ヴァーグナー夫妻が旅行の途中偶々ソレントに立ち寄ります。ニーチェとヴァーグナーはこのとき一緒に散歩し、散歩の途中で、ヴァーグナーはニーチェにキリスト教への帰依を打ち明けたと言われています。これによって、ニーチェのヴァーグナーに対する失望は決定的なものとなりました。そして、ニーチェがヴァーグナーに会うのは、これが最後となったのでした。

一年半後の一八七八年四月、ニーチェの六番目の著作『人間的な、あまりに人間的な』が公刊され、ヴァーグナーにも送られます。この著作の主要部分は、一八七六年夏、ヴァーグナーに対する激しい幻滅を感じたバイロイト音楽祭の期間中に、そして、それに続くソレント滞在中に書き溜められていたメモをもとにして執筆されたものでした。ヴァーグナーは、この著作に対し激しい拒絶反応を示し、これによって十年あまり続いたニーチェとヴァーグナーとの関係は完全に終わることになります。なぜヴァーグナーが『人間的な、あまりに人間的な』を読んで激怒したのか、詳しくはのちに述べます。確かなことは、「天才」「芸術」「真理」など、ヴァーグナーが価値を認め自らを体現していると信じていたもの、そして、ニーチェ自身も価値を認め、しかも、ヴァーグナーのうちに見出しているとヴァーグナーが信じていたものに対し、この著作におけるニーチェがあからさまに懐疑的な態度を示しているという点であり、ヴァーグナーの目には、一種の背信行為と映ったということです。

それでは、ニーチェは、人生の少くとも一時期、本当にヴァーグナー主義者だったのでしょうか。ヴァーグナー体験は、ニーチェの思想形成の必要条件だったのでしょうか。注意すべきことは、二人の関係が、通常のヴァーグナー主義者とヴァーグナーとの関係とは異質なものであるという点です。ニーチェが価値を認めていたのは、ヴァーグナーの音楽や芸術理論ではありません。ニーチェはヴァーグナーという人物自体に心酔していたのです。学生生活最後の秋、ライプツィヒでヴァーグナーに会うまで、ニーチェは、ヴァーグナーを必ずしも評価してはいませんでした。ところが、ヴァーグナーに会った直後に、その評価は急に変化します。この事実は、ヴァーグナーの作品や発言の内容ではなく、ヴァーグナーの個性がニーチェにとって重要な意味を持っていたことを物語っています。

ヴァーグナーは、三十一歳も年下で、社会的には無名に近かったニーチェを「教授」と呼び、少くとも表面的には対等の存在として扱っていました。たしかに、ニーチェは、職業の点でも出身階層の点でも、ヴァーグナーの理解者の中では例外的な存在でした。その点で、ニーチェの存在は、ヴァーグナーにとって貴重であったのかも知れません。

ニーチェの方もまた、ヴァーグナーを「先生」と呼び、うやうやしい態度を取るように努めていました。しかし実際には、ニーチェにとり、ヴァーグナーと自分が対等であることは疑う余地のないことでした。ニーチェは時折、ヴァーグナーと無理に張り合おうとして、些細なことで意地を張り（ヴァーグナー家の重要なお祝いの席に招待されたのに、わざと用事を作って欠席したり、ヴァーグナーの前でピアノの即興演奏——ニーチェの特技でした——を披露したりしています）、ヴァーグナーが気を悪くすることもありました。「……私は、ヴァーグナーを私の人生の偉大な恩人と呼ぶ。……私たちが似ている点とは、私たちが今世紀の人間どもが苦しむことなどできないほど苦しんだという点にある。そして、私たちの名前は、再び永遠に結びつけられることになろう」（『この人を見よ』）。

ニーチェのこの発言は、誇大妄想というわけではなく、率直な感想として理解する必要があるでしょう。そしてまた、このような発言から、ヴァーグナーの独特のカリスマ性を確認することもできるに違いありません。

ヴァーグナーがニーチェの人生に大きな影響を与えたこと、そしてヴァーグナーとの交流が、ニーチェに対し、彼が少くともいかなる人間ではないのかを教えたことは間違いありません。しかし、ニーチェの思想がヴァーグナー主義から受けた影響の方は限定的なものに過ぎず、その痕跡を具体的に指摘することは容易ではありません。ヴァーグナー体験は、ニーチェの思想にまで影響を及ぼすことはなかったと考えるべきでしょう。

ニーチェ（1899年）　右は妹エリーザベト

狂人ニーチェ

ところで、ニーチェとは何者かという問に対し、「ニーチェは狂人である」と答えることも、かつては可能であると考えられていました。ニーチェが独創的な思想の持ち主であるのは、彼が狂人だからだというのです。これは正解として認められるでしょうか。

先に述べたように、一八八九年一月初め、四十四歳のニーチェは、精神錯乱に襲われ、すべての知的活動を停止します。当時避寒のため滞在していた北イタリアのトリノでの出来事でした。そして、それ以後、十九世紀最後の年、一九〇〇年に五十五歳で世を去るまでの十一年間をニーチェは癈人として過ごします。「ニーチェは狂人である」という答の根拠は、その人生の最後の五分の一に見出されることになります。十九世紀末、それまで同時代の人々のあいだではほとんど無名であったニーチェに対する関心が急速に広がり始めたとき、そのきっかけになったのは、すでに知的活動を停止していた人物によって発狂以前に書き残された過激な内容を持つ文章に対する野次馬的な興味でした。当時の平均的な読者は、ニーチェの思想のオリジナリティを狂気に帰していました。もちろん、このような無責任な興味の対象とはならず、純粋に学問的な研究の対象にとどまっていたなら、今日ニーチェの名がこれほど多くの読者に知られるようになることはなかったでしょう。しかし、哲学者ニーチェの発言は、常に理路整然としているわけではないとしても、決して支離滅裂なものではなく、常識に従って十分に理解することができるものです。発狂にいたる二十年間に及ぶ知的活動の中でニーチェによって書き残されたもののうちに狂気の徴候を認め、これを未来の狂人の手になるものとして理解すること、さらに、ニーチェの思想の価値をニーチェの狂気にもとづいて決めることには無理があると考えねばなりません。

病人ニーチェ?

ところで、ニーチェとは何者かという問に答えるのに、ニーチェの病気を手がかりとすることはできないでしょうか。

プロローグで紹介したように、ニーチェの思想の核心には、病気と健康という対をなす二つの概念が潜んでいます。そして、実際に、晩年のニーチェは、病気と健康の問題に繰り返し言及します。この言及が信頼すべき真面目なものであるとするならば、ニーチェの思想のオリジナリティは、ニーチェ自身の健康状態と対応していると考えることが可能です。病気と健康という対概念は、ニーチェ哲学誕生の場所なのであり、自らの健康状態についてニーチェが何を知り、これに対していかなる態度を取ったのかということが明らかになるなら、ニーチェの思想の核心もまた解明される、このようなことを期待してよさそうです。

ニーチェは、病気とは何か、健康とは何か、そして両者を隔てるものは何か、このような問題に重要な位置を与えます。もっとも、それは当然のことでした。ニーチェは、このような問題に否応なく向き合わざるをえない立場に置かれていたからです。ニーチェは、その人生の少くとも半分は、紛れもない病人だったのです。

ニーチェの後半生の健康状態、したがってその生き方全体を決定したのは一つの出来事でした。この出来事は、一八七〇年夏、二十五歳のニーチェのもとに到来します。

一八七〇年七月十九日、フランスがプロイセンに宣戦布告することにより、普仏戦争が勃発します。バーゼル大学に赴任してから二度目の夏を過ごすため、避暑地のマデラーナー渓谷に滞在していたニーチェは、開戦の知らせを聞くと、看護兵として従軍することを突然決意します。ニーチェのこの決意は周囲を驚かせました。すでに述べたように、ニーチェは、普仏戦争勃発の一年前、バーゼル大学の員外教授に就任する際、プロイセンの市民権を放棄しスイス国籍を取得していました。したがって、ニーチェに従軍の義務はありませんでした。しかも、この国籍の移動は、バーゼル市当局の要請によるものであったとはいえ、ニーチェにとって好都合であるように思われました。というのも、これによって、戦時に予備役の将校として召集され、バーゼルでの生活が攪乱される危険を回避できるからです。これは、ニーチェ自身が明言しています。（なお、ニーチェは学生時代の一八六七年、ナウムブルクの第四野戦砲兵騎馬部隊の第一中隊で兵役に就いていたことを自慢してもいます。ただし、兵役に就いてから五ヶ月で落馬のため大怪我を負っており、「将校」にはなっていません。）ニーチェが日ごろから国粋主義に否定的な発言を繰り返していたことを考えるなら、国籍の移動は当然の選択であると誰もが思っていたはずです。そのニーチェが、義務でもないのに従軍する。プフォルタ学院在学中以来のニーチェの数少い友人の一人パウル・ドイセン（一八四五〜一九一九年）は、後年、ニーチェのこの決意を「国粋主義の発作」と名づけ、驚きとともに回顧しています。

八月に入り、バーゼル市当局から従軍の許可を得たニーチェは、マデラーナー渓谷を離れ、エルランゲンに赴き、そこで簡単な訓練を受けたのち、ただちに当時の最前線であるフランスのアルザス、ロレーヌ地方に向かいます。前線で、傷病兵を列車で後方に輸送する任務を割り当てられ、ニーチェは、赤痢とジフテリアに罹（かか）った六人の傷病兵とともにカールスルーエ行きの列車に乗り込みます。

ところが、傷病兵の看護に携わるうちに、反対に、看護しているニーチェの方が赤痢とジフテリアに同時に感染し、傷病兵とともに病院に収容されてしまいます。九月四日のことでした。八月二十二日にエルランゲンを発ってからわずか十三日、ニーチェにとっての普仏戦争は呆気なく終わります。しかし、このとき患った病気により、ニーチェは半年以上に及ぶ療養を余儀なくされます。しかも、長期の療養にも拘わらず、体調は完全には恢復することなく、反対に、この病気をきっかけにして、ニーチェの健康状態は、その後少くとも十年間にわたり悪化の一途を辿ります。一八七六年夏、バイロイト音楽祭に出席したニーチェを苦しめていたのも、このときの病気の後遺症でした。

その後ニーチェの体調は、着実に悪化し続けます。普仏戦争に従軍してから九年を経た一八七九年春、教壇に立つだけの体力もニーチェには残されてはいませんでした。ニーチェは、約十年間在職したバーゼル大学を去ることになります。バーゼル大学でのニーチェの同僚で親しい友人の一人であった教会史家フランツ・オーヴァーベック（一八三七～一九〇五年）が奔走した結果、年三千スイスフラン（約二百万円）の年金が支給され、名誉教授の称号が与えられることになりました。

バーゼルを去った年の夏、ニーチェは、スイスの保養地ダヴォスやサン・モリッツで自己流の健康法を実践しながら療養を続けます。しかし、恢復にはいたらないまま、秋の訪れとともに、ニーチェは母と妹が住むナウムブルクに戻ります。

その年から翌一八八〇年にかけての冬のニーチェの健康状態はきわめて憂慮すべきもの

となっていました。周囲の目に映ったニーチェは瀕死の病人であり、知人たちのあいだには、ニーチェが死んだという噂が広がります。ニーチェは晩年、ナウムブルクで過ごしたこの時期を「私の生涯でもっとも日の光に恵まれなかった冬」と表現しています。

当時のニーチェを苦しめていたのは、胃を中心とする消化器の機能不全、これに伴う吐き気、激しい頭痛、眼球の痙攣、神経系統の異常、不眠などであったようです。しかし、もちろん、これらの症状の背後にあったのが赤痢とジフテリアの後遺症であるのか、あるいは別の病気であるのか、それについては何もわかっていません。

ところで、このころまでに、ニーチェは、自分の健康状態の注意深い観察から、病気の意味について、一つの洞察を導き出していたようです。

健康なとき、私たちは、自分の健康を維持し促進するのに、一見不可解な原則にもとづいて身体を扱っていることにニーチェは注意を促します。私たちは、身体に負荷をかけないように、あるいは身体を傷つけないように、つまり、健康を損ねないように注意を払うことによって健康を維持するのではありません。反対に、健康であり続けるためには、身体に負荷をかけ、体力を一時的に低下させることが必要であると私たちは考えています。例えば、スポーツは、それ自体としては身体にとって有害でありながら、しかも、健康な人間にとり、健康を促進するための刺戟となります。自ら進んで身体に負荷をかけることにより、そのような負荷に耐えられる自分の健康を確認し、それによって満足を感じることができます。これは、スポーツに携わる一つの動機であるに違いありません。健康な人間に特徴を与えるのは、身体にかけられる負荷を悦ばしい刺戟として引き受けることができるばかりではなく、身体に自ら進んで負荷をかけることによって健康を確認し満足を得ようとする意欲に他ならないことになります。

ところが、病気に罹ると、私たちは、自分の身体を、健康なときとは反対の配慮にもとづいて扱います。同じ動作をすること、同じ刺戟を受け止めることが一層多くの体力を必要とするように感じられたり、五感に対する刺戟が鋭く突き刺さってくるように思われたりします。身体に少しでも負荷をかけるような行動、例えば外出やスポーツは、体調をさらに悪化させる危険のあるものと見做されるようになります。身体に負荷をかけるものはすべて悪しきものとして遮断したいという欲求が生れます。健康なときには自ら進んで引き受けてきた負荷に身体が耐えられなくなっているからです。病人とは、自分の身体に負荷がかけられることを避け、身体を休息させ保護しようとする人間のことである。これが、病気をめぐるニーチェの洞察です。

病気になると、私たちは、自分の体調に注意を集中しながら、大人しく恢復を待たねばなりません。安静にしたり、薬を飲んだりしながら待っていると、やがて徐々に恢復が始まります。私たちは、自分の周囲にも再び少しずつ注意と関心とを向けることができるようになります。自分が今や苦痛に耐えて恢復を待つ段階にあること、一歩ずつ健康に近づきつつあることを確認し、幸福を感じる余裕も生れます。再び自分自身や周囲の事物を眺めるとき、これらが新鮮に魅力的に見えるようになります。

たしかに、この段階では、健康状態はいまだ不安定です。ときにはぶり返しを経験しなければならないかも知れません。しかし、そのようなぶり返しすら、余裕をもって一つの幸福と感じられるような段階が恢復期にはあります。そして、この段階を経て初めて、身体に負荷をかけることを喜びとして感じられるような健康を取り戻すにいたるのです。

健康な状態から発病へ、発病から恢復期へ、そして恢復期から再び健康な状態へ、ニーチェは、体調が悪化を続けた十年のあいだ、このサイクルを短い周期で繰り返し経験し、それぞれの段階が異なる生活感情によって支配されていることを理解したのでしょう。そして、この経験から得た病気と健康の意味についての洞察のうちに、ニーチェの思想の誕生の秘密が隠れているのです。

漂泊の生活へ

一八八〇年春以降、ニーチェの病状は危機を脱し、いくらか安定するようになります。そして、自分の体調に相応(ふさわ)しい場所を求めて短期間に生活の場所を転々と変える生活が始まります。このような「漂泊者」の生活は、一八八九年一月に発狂するまで約九年のあいだ続けられます。ニーチェの病気にとっては、長い小康状態のようなものでした。体調の微妙なバランスを保ちながら、他人に頼らず、原則としてただひとりで生活を続けることになったのです。

一八八〇年代のニーチェは、長期間にわたって一つの場所で生活することはありませんでした。しかし、ニーチェは当てどもなく各地を彷徨していたわけではありません。ニーチェは、決った原則に従って毎年二回、決った地方のあいだを移動していました。空気が乾燥した場所にニーチェは居心地のよさを感じていたようです。七月から九月はスイスの保養地、十月から四月までは北イタリアか南フランスの地中海沿岸つまりリヴィエラの保養地で過ごし、それ以外の時期には必要に応じて旅行する、判で押したような規則正しい漂泊でした。哲学者ニーチェの最後の九年間、その生活は極度に簡素なものになり、体調を悪化させて知的活動に障碍が起こらないよう、自己流の養生法が厳格に守られていました。九年間、ニーチェは、大体次のように生活の場所を変えています。

	夏	冬
八〇年	マリーエンバート	ジェノヴァ
八一年	シルス・マリア	〃
八二年	タウテンブルク	〃
八三年	シルス・マリア	〃

八四年	〃	ニース
八五年	〃	〃
八六年	〃	〃
八七年	〃	〃
八八年	〃	トリノ

最悪の状態を脱したとはいえ、ニーチェの体調は著しく改善したわけではありませんでした。ニーチェは医者を信用せず、医者の診察を受けませんでしたから、ニーチェが知人に宛てて認(したた)めた書簡の他にニーチェの健康状態を知る手がかりはほとんど何もありません。その報告に誇張がなければ、平均して少くとも三日に一日は何らかの「発作」によって活動に支障を来たす生活が続いていたようです。

ニーチェが滞在した場所のうち、ニーチェが特に好んだのが、シルス・マリアでした。シルス・マリアは、スイス東南部グラウビュンデン州のオーバーエンガディーン地方にある寒村で、スイスアルプスの南の端に位置しています。一八八一年夏に偶然発見したこの村で、ニーチェは七回の夏を過ごします。ニーチェは、地元の名士が経営する雑貨屋の二階の一部屋——山の方を向いた陽の当たらない部屋——を借り切り、毎年同じ部屋に滞在していました。ニーチェが間借りした家は、現在ニーチェ記念館として保存されています。

ニーチェの時代のシルス・マリア

健康な人間としてのニーチェ

このような事実を考慮するなら、「ニーチェは病人である」という答こそ、ニーチェとは何者かという問に対する正しい答であると断定してよいように思われます。ニーチェは、誰が見ても明らかな病人であったからです。

ところが、ニーチェだけは、この答を斥けます。ニーチェは、自らが病人の対極にある存在、すなわち健康な人間であると強く言い張ります。さらに正確に言うなら、ニーチェは自らを病人としての側面を持つ健康な人間と規定します。

ニーチェによれば、病人とは、自分の身体に負荷がかかることを避け、身体の休息と保護を欲求する人間であり、健康な人間とは、身体にかかる負荷を悦ばしいものとして引き受けることができるばかりではなく、自ら進んで身体に負荷をかけることにより健康を確認し満足を得ようとする意欲を持った人間でした。すなわち、健康や病気は身体の状態を表すものであるとともに、本質的には身体に対する態度を決めるもの、「本能」の状態に他なりません。健康とは、本能の健康を意味し、病気とは、本能が病んでいる状態を意味することになります。病気と健康との差異は、身体に対する態度、あるいは本能の差異なのであり、身体の病気は本能の病気の反映に過ぎません。自覚症状の有無や病理学的な変化の有無によって両者が区別されるわけではないのです。

このような単純な事実は、ニーチェによって拡張され、健康や病気の概念が認識に適用されます。たしかに、健康や病気が本能の状態を指すのなら、認識にも健康と病気が区分されるはずです。健康な人間には健康な人間に特有のものの見方があり、病人には病人に特有のものの見方——ニーチェはこれを「病者の光学」と名づけます——があるに違いありません。したがって、本能が健康であり、認識が健康であるかぎり、身体の状態がときとして良好でなくても、健康な人間と見做されるべきであるということになります。ニーチェは、この意味において自らを健康な人間と呼んでいるのです。そして、ニーチェがこの意味において健康であるのなら、ニーチェの思想は健康な認識の特徴を具えているはずであり、ニーチェの思想が健康な認識の特徴を具えているならば、認識における健康の意味こそ、ニーチェの思想を理解するための鍵であるはずです。この点についてニーチェは何を語っているのでしょうか。

身体にかかる負荷を悦ばしいものとして引き受けることができるばかりではなく、身体に自ら進んで負荷をかけることにより健康を確認し満足を得る意欲を持っていることが身体における健康の証（あかし）であるのならば、本能や知性の点で健康な者は、知性に負荷をかけることを意欲する者でなくてはなりません。そして、知性に対する負荷とは、生存に敵対的に作用するペシミスティックな認識に他なりません。したがって、健康な人間とは、生存が苦痛に満ちたもの、無意味なものであることを教えるペシミスティックな認識、生存への意欲を毀損し、生存に敵対的に作用するような認識を真なるものとして認めることができるばかりではなく、自らの健康のために、生存を一層無意味なもの、一層苦痛に満ちたものにするようなペシミスティックな認識を真なるものとして欲求し、自分のために捏造する意欲すら持った存在を指すと考えねばなりません。このような健康な人間こそ、ニーチェが「強者」と呼ぶ存在に他なりません。生存に対して敵対的に作用するような認識によって生存への意欲が損われることなく、却ってこれを生きるための刺戟として欲求する「強さ」が強者の強さなのです。ニーチェは、ペシミズムを敢えて自らに課すこのような態度を、「強さのペシミズム」「ディオニュソス的ペシミズム」「古典的ペシミズム」などと名づけています。

　これに対し、健康な人間あるいは強者とは正反対の存在、すなわち病人または「弱者」は、どのような認識を欲するのでしょう。身体が病んでいるときには、身体に敵対的に作用するものから身を守ることが必要でした。それと同様、本能が病んでいる者は、慰めや希望を与える認識、すがることのできる認識を求めます。ロマン主義、プラトニズム、キリスト教……、思考することを停止し信ずることを命じる宗教、道徳を支える真なる価値が彼岸にあることを主張する哲学、美的経験こそが世界の真相を明らかにすると公言するロマン主義芸術などは、ニーチェにより、ペシミスティックな認識を、生存への意欲を刺戟する悦ばしい負荷として受け取ることのできない弱者が求める病んだ認識として分類されます。

もっとも、ニーチェは、自らが「根は健康な」人間であるとはいえ、単に健康であるだけの人間ではないと言うことを忘れません。病気とは無縁な、単なる健康な人間というのは、ある危険に曝されているとニーチェは考えます。たしかに、このような人間は、滅多に病気に罹(かか)りません。しかしながら、病気がちの人間が、身体を労(いたわ)りながら、たえず自らの体調を注意深く観察し、わずかな体調の変化も病気の前兆として敏感に察知し、素早くこれに対処し、病状の悪化を最小限にとどめるのに対し、病気に罹ることの少い者は、体調の観察を怠っているため、病気に気づくのが遅れ、しかも、病気になったときに身体を正しく扱うことについての経験も持っていません。健康な人間は、病気への対応を誤り、病気に慣れている者よりも却って病状を悪化させてしまうことになります。

知性の健康についても事情は変わりません。健康な人間は、ものの見方に一旦狂いが生じると、予防策を普段から考えていないだけに、本能の衰弱に対処する術（すべ）を持たず、病気の誤った取り扱いによりこれを進行させてしまいます。

しかし、ニーチェ自身は、「根は健康な」存在、しかしながら、それとともに病者でもある存在、したがって、二つの相反するものの見方のいずれにも通じている「二重の素姓」を持つ存在、すなわち、「第二の視力」を持つ「ドッペルゲンガー」として自らを規定します。「経験のこの二重の系列、一見分離した二つの世界へと接近しうるということ、このことは私の本性のうちにおいてあらゆる点で繰り返し姿を現す。――私はドッペルゲンガーである。私は、第一の視力の他にさらに『第二の』視力も持っている。そしてことによると、第三の視力も持っているのかも知れない」（『この人を見よ』）。

一八八〇年代前半に、ニーチェは三つの著作を公刊します。一八八一年に公刊された『曙光』、一八八二年に公刊された『悦ばしき知識』、そして一八八三年から一八八五年にかけて四部に分けて公刊された主著『ツァラトゥストラはこう語った』。これら三つの著作において、ニーチェの主要な概念の大半が姿を現します。これらは、健康と病気をめぐる洞察を抽象的に表現し、「強さのペシミズム」が健康の証であるという主張を補強する作業の結果として成立したものでした。

まず、『曙光』（一八八一年）において、「権力」という概念が初めて主題的に取り上げられます。権力とは、ペシミスティックな認識、すなわち知性にかかる負荷を引き受け、こうした認識を自ら産出して行く力、いわば知性の体力のようなもののことであり、権力をどの程度具えているかに応じて、産出される認識が生存に敵対的に作用する度合いが決ります。

さらに、生存に敵対的に作用するようなペシミスティックな認識を真なるものと認めることによって生存への意欲を損われることなく、自ら進んでそのような認識を産出するのが健康な人間であるとするなら、生存からもっとも深刻に意味を奪い、もっとも多くの苦痛を生存に見出す認識を真なるものと認め、それでもなお生存への意欲を失うことのない者は、権利上もっとも多くの健康ともっとも多くの強さを具えた者であるはずです。ニーチェは、一八八一年八月、シルス・マリアに最初に滞在したときに、このもっともペシミスティックな認識の内容を発見します。すべての事象が同一の順序に従って繰り返し永遠に生起するというのがその内容で、これが正しいとするなら、生きることには夢も希望もなく、すべての努力は意味を失うでしょう。ニーチェはこの認識に「等しきものの永劫回帰」の名を与えます。一八八一年八月に発見されたこの認識は、翌年公刊の『悦ばしき知識』において簡単に予告されたのち、『ツァラトゥストラはこう語った』において、「永劫回帰の教師」ツァラトゥストラによって告知されることになります。ニーチェにとり、永劫回帰は、もっとも健康な人間、もっとも強い人間を選別するための「試金石」の役割を担う認識であり、この試金石によって選別された人間が「超人」と呼ばれます。

一八八〇年代前半は、ニーチェの思想が完成に向かって直線的に歩みを進めた時期でした。そして、『ツァラトゥストラはこう語った』（一八八三～一八八五年）の完成とともに、ニーチェは自らの思想の肯定的な側面を語り終えることになるのでした。

メロドラマ的小休止

一八八二年の夏、ニーチェは、シルス・マリアには姿を見せませんでした。一八八一年以降発狂までのあいだで、ニーチェがシルス・マリアを訪れなかったのは、この年だけです。ニーチェは、どこで何をしていたのでしょう。

ルー・ザロメ。一八六一年にロシアの将校の娘としてペテルブルクに生れ、後年、作家・女性解放運動家・精神分析家として歴史に名をとどめることになるこの女性は、一八八二年春、ニーチェと出会ったときにはまだ二十一歳でした。彼女は、三年前から、結核の治療のためロシアを離れ、母とともにスイスの保養地を転々とする生活を続けていました。

一八八二年春、ジェノヴァ滞在中のニーチェは、パウル・レーから、ローマのマルヴィーダ・フォン・マイゼンブーク邸に、ニーチェの熱心な読者である「若いロシアの女性」が宿泊しており、ニーチェに会いたがっていること、しかし、間もなくロシアに戻る予定であることをすでに手紙で知らされていました。レーは、この女性と自分との仲をニーチェに取りもってもらいたいと秘かに考えていました。しかし、事情のわからないニーチェの方は、この女性を「生け捕り」にするため近くローマに行くことを予告する手紙を認め、しかしなぜかローマには向かわず、船でシチリアに旅立ったのでした。やがて、ニーチェは、暑さのためシチリアから逃げ出し、ローマに現れます。この「若いロシアの女性」、すなわちルー・ザロメに会うためでした。

しかし、ニーチェは、ルーを単なる熱心な読者や理解者以上の存在として扱います。ニーチェは、何とかして彼女を身辺に引き留めておきたいと考えるようになります。

四月末、ルーとその母は、ロシアに戻るため、予定通りローマを出発します。すると、ニーチェとレーは、互いに相手を出し抜くつもりで、別々に二人のあとを追います。結局、ミラノで四人はあたかも偶然であるかのように合流し、さらに、ニーチェの提案で、スイスとの国境に近いオルタ湖を見物します。このとき、ニーチェは、ルーと二人だけで湖畔にあるモンテサクロという丘に登ります。そこで、ルーは、二人の関係についてニーチェに期待を持たせるようなことを何か語ったようです。このあとしばらく、ニーチェが珍しく浮かれた調子でルーのことばかり話していたことがわかっています。

そして、ルーの言葉に呼応するように、ニーチェは、ルーに結婚の申し込みをします。一八八二年五月十三日。二人が知り合ってからわずか三週間しか経っていませんでした。この日、ニーチェは、ルツェルンの氷河公園にあるライオン記念碑の前にルーを呼び出

「聖三位一体」（1882年）

します。ライオン記念碑は、フランス革命の際に戦死したスイス人傭兵を慰霊するために作られた、十字架のついた丸い小さな楯を抱えた瀕死のライオンの石像です。

ニーチェの結婚申し込みは即座に斥けられます。代わりに、ルーは、ニーチェに対し、二人にレーを加えた三人による共同生活を提案し、ニーチェもこれに賛成します。結婚の申し込みを断られたにも拘わらずなぜか上機嫌のニーチェは、三人の関係に対し、「聖三位一体」などというふざけた名前を与え、ルーに同行してルツェルンに来ていたレーを呼び出し、三人の友情を記念して写真を撮ることを提案します。自分の顔を写真に残すことを嫌うレーは激しく抵抗しますけれども、結局、ニーチェによって無理矢理写真館に連れて行かれてしまいます。このときの写真は、現在でも見ることができます。ニーチェとレーの二人は、馬車を引く馬です。二人の腕には手綱が結びつけられています。そして、御者であるルーは、左手に二本の手綱を、右手には花を編んで作った鞭を持っています。この悪趣味な構図を決めたのは、もちろんニーチェです。この日、ニーチェの気分が、このような悪乗りを可能にするほど世俗的な意味で高揚していたことがわかります。

写真を撮ったあと、消耗したレーを残し、ニーチェとルーは散歩に出かけます。二人が出かけたのは、トリプシェンです。その道は、かつてニーチェがヴァーグナーを訪ねて何度も通った道でした。ニーチェは、旧ヴァーグナー邸を遠望する場所にルーを案内すると、今度は目に涙を浮かべながら、ヴァーグナーとの関係について語ったと言われています。

ニーチェはこのとき、その年の夏を二人でドルンブルク近郊のタウテンブルクで過ごすことを提案し、ルーもこれに同意します。そして、この夏、ルーによって執筆され、ニーチェの前で朗読されたのが、プロローグで紹介したルーのニーチェ論です。ニーチェは、ルーの文章を絶讃し、ルーこそ自らの理想的な解釈者であるということを書簡の中で繰り返し強調しています。

このころまで、ニーチェは、ルーとの関係の将来についてまだ楽観的な見通しを持っていたようです。「……私はどれほど頻繁に、可能なかぎりのあらゆる物事について、まさにこうしたこと、つまり『すべてはハッキリしたが、またすべてはおしまいになってしまった』ということを体験してきたことでしょう。そして、私の愛する女友達のルー、私が私たち二人について、今や『すべては始まった、しかもすべてはハッキリしている』と考えてもよいとは、何と幸せなことでしょう。私のことを信用して下さい。お互いに信用しましょう……」（一八八二年七月十六日附）。しかし、ルー・ザロメがタウテンブルクを離れたのち、ルーとレーとの関係が急速に親密になり、ニーチェとルーとの関係は、その年の秋には破綻してしまいます。三人の共同生活は実現せず、ルーとレーはベルリンへ去り、あとにはニーチェがひとり残されます。一時ニーチェは狂乱状態になり、さらに、ルーを嫌っていたニーチェの妹エリーザベト（一八四六～一九三五年）が事態を一層複雑に混乱させたため、ニーチェとルーとの関係、そしてニーチェとレーの関係は完全に終わります。しかし、間もなくニーチェは落ち着きを取り戻し、翌年二月には、ジェノヴァで主著『ツァラトゥストラはこう語った』の執筆に着手することになります。

とはいえ、ルーとの関係ではニーチェに対し勝利を収めたパウル・レーも、四年後の一八八六年には、ルーのもとを去らねばなりませんでした。一八八六年、ベルリンでレーとともに生活し、知的なサークル――そこには、パウル・ドイセン、フェルディナント・テニエス（一八五五～一九三六年）、そして、ゲオルク・ブランデス（一八四二～一九二七年）などが加わっていました――の中心人物となっていた二十五歳のルーの前に、突然、フリードリヒ＝カール・アンドレアス（一八四六～一九三〇年）という言語学者が姿を現し、ルーに強引に結婚を申し込みます。それまでルーの周辺にはいなかった粗野で粗暴な雰囲気を漂わせたアンドレアスの出現は、ルーを混乱させ、優柔不断なレーを恐怖に陥れます。パウル・レーは、アンドレアスに押し出されるようにルーの前から姿を消し、ルーはアンドレアスと結婚することになります。

前年の一八八五年、レーは、『良心の成立』を公刊し、この著作によってドイツ語圏の大学で教壇に立つために必要な大学教授資格を取得するつもりでした。しかし、この著作は不評で、大学教授資格を得られる見込みもありませんでした。当時失意のうちにあったレーは、アンドレアスの登場をきっかけにして、哲学者として世に出ることを諦め、それまで交流のあった人々との連絡を断ち、医学を勉強して医者となり、兄が所有するドイツ東部シュティベの農場で医療活動に携わり、兄が破産すると、スイス東南部の寒村に移り、無償で医療活動を続けていました。そして、二十世紀最初の年、一九〇一年十月、レーは、谷底に転落して死亡しているところをこの村の住人によって発見されます。ほぼ間違いなく自殺であったと言われています。

なお、ルー・ザロメとの出会いと別れを経験した年の次の夏、ニーチェは再びルー・ザロメのことを思い出させられることになります。一八八三年の夏、二年ぶりにシルス・マリアを訪れたニーチェは、下宿のすぐ近くにあるホテルに泊まる機会がありました。実は、ニーチェがシルス・マリアを発見する一年前の一八八〇年夏、ザロメ親子がこのホテルに宿泊していました。一八八三年夏、ニーチェがこのホテルに泊まったとき、ニーチェは、恐らく、宿泊者名簿の中にルー・ザロメの名前を発見したに違いありません。そのとき、一年前の記憶がよみがえり、ニーチェが複雑な気持を味わったであろうことは、容易に推測することができます。

再出発

一八八五年の初め、ニーチェは、『ツァラトゥストラはこう語った』の最後の部分に当たる第四部を完成させていました。ところが、印税の支払いをめぐるトラブルのために、一八七四年以来ニーチェのすべての著作を出版してきたケムニッツのシュマイツナー書店との関係が険悪になり、新しい著作の出版の目処（めど）が立たなくなります。
ニーチェは、新しい出版社を探す努力を始めます。しかし、当時は厳しい不況で、条件の折り合いがつかず、ニーチェは、『ツァラトゥストラはこう語った』第四部を、自費で少しの部数を印刷することで満足せねばなりませんでした。その後も、ニーチェ自身が出版を準備した著作はすべて、自費で刊行されることになります。

このころ、ニーチェは、自分の思想の価値について懐疑的になっていました。著作の売れ行きが悪く、ほとんど何の反響もなかったからです。ニーチェが自分の思想の価値を疑ったのは、あとにもさきにもこの時期だけです。ニーチェの著作の印刷用原稿のうち、『ツァラトゥストラはこう語った』第一部から第三部までの原稿は現存していません。一八八五年冬、ニーチェ自身がその内容に自信を失い原稿を燃やしてしまったと伝えられています。ニーチェは、それほど追い詰められていたことになります。

このような閉塞した状況の中で、ニーチェは、これから抜け出すため、自分の思想を自ら普及させることを決意します。そして、新たな著作活動が始まります。『ツァラトゥストラはこう語った』までの著作群は、ニーチェの思想を肯定的な側面から表現するものでした。これに対し、一八八五年秋から発狂までの約三年間の著作活動は、ニーチェの思想を「否定的」な側面から表現する試みであったと言えるでしょう。ニーチェ晩年の著作活動は、自らの思想を他の思想から区別する作業、それゆえ啓蒙的な作業として理解することができます。

かつて『権力への意志』という表題の下に編集されてきた遺稿群も、このような意図に従って執筆が計画された啓蒙的な著作のためのメモでした。そして、この計画による最初のメモもまた、一八八五年秋に溯ります。

ニーチェは、自らの著作の献本についても方針をあらためます。『ツァラトゥストラはこう語った』までの著作はいずれも、ごく少数の知人に献本されていただけでした。ところが、一八八六年夏に公刊された『善悪の彼岸』以降、ニーチェは、書評の掲載の可能性がありそうな新聞や雑誌の編集者、あるいはニーチェの思想に好意的な反応を示してくれそうな知識人たちに次々に献本を始めます。その効果はすぐに現れました。『善悪の彼岸』は、十種類以上の新聞や雑誌によって取り上げられ、ニーチェの身辺は、これ以後、多種多様な反響によって次第に騒がしくなって行きます。

ところで、このころ、シュマイツナー書店とのあいだの紛争をニーチェに代わって収拾したライプツィヒのフリッチュ書店から、ニーチェの旧著が順次再刊されることになります。そして、この時期に刊行された新旧あわせて七つの著作の巻頭には、ニーチェ自身の手になる新たな序文が附されています。これら七つの序文は、ニーチェの著作活動を回顧する自伝となるよう、『ツァラトゥストラはこう語った』第四部完成直後から、一体のものとしてまとめて一遍に執筆されたものでした。ニーチェは、信奉者の一人メータ・フォン・ザーリス゠マルシュリンス（一八五五〜一九二九年）宛の書簡の中で、次のように語っています。「……つまり、『悲劇の誕生』から今お話しした本（『道徳の系譜学』）の序文まで――それは一種の『発展史』になっています。ところで、自分自身で註釈を加えざるをえないということ以上に不愉快なことはありません。しかし、他の誰かが私の代わりに仕事を引き受けることができるという見通しがまったくないので、私は、歯を食いしばって笑顔を作ってみました。……『よい演技』であったらよかったのですが。丸々一年の仕事でした……」（一八八七年九月十四日附）。

ニーチェは、これら七つの序文の中で、ギリシア悲劇を主題とする著作の執筆を計画した一八六九年秋以来の著作活動の軌跡を回顧します。ニーチェが特に詳細に記しているのは、彼がその間に経験した「病気と恢復の歴史」です。もちろん、ニーチェがここで「病気」と呼ぶものは、本能の病気に他なりません。ニーチェの本能が病気に罹り、病んだ認識のためにニーチェの思想が本来の立場すなわち「強さのペシミズム」から逸脱した一時期があったということを、ニーチェは報告しているのです。したがって、『ツァラトゥストラはこう語った』(一八八三〜一八八五年)が完成するまでのニーチェの著作活動の軌跡は、三つの時期に区分されることになります。すなわち、病気に罹る前の健康な時期(第一期)、発病と恢復の時期(第二期)、再び健康になった時期(第三期)。この三つの時期を、ニーチェは順に経験したと考えねばなりません。そして、このうちの第二期が、ニーチェ本来の立場からの逸脱が起った時期、思想的な混乱の時代であったことになります。

すでに最初の著作『悲劇の誕生』(一八七二年)には、健康な認識と病んだ認識が混在しています。このことは、『悲劇の誕生』が成立する過程のどこかで、ニーチェが第一期から第二期へ移行し、健康から病気へと転落したことを意味します。この点についてニーチェはあまり多くを語りませんけれども、のちに述べるように、『悲劇の誕生』公刊の約一年前の一八七一年四月、一度はほぼ完成していた悲劇論を、ヴァーグナーの意見を取り入れて大幅に書き換えねばならなかったとき、後年ニーチェが「ロマン主義的ペシミズム」と名づける病気の徴候が悲劇論に影を落とし、著作の価値を多いに損ねたと考えられます。

続く第二期、すなわち病気と恢復の時期に含まれるのは、一八七三年から七六年にかけて『反時代的考察』の総題の下で公刊された四篇の著作と、一八七八年に公刊され、ヴァーグナーとの決裂のきっかけを作った『人間的な、あまりに人間的な』、そして『人間的な、あまりに人間的な』の二つの附録『さまざまな意見と箴言』（一八七九年）と『漂泊者とその影』（一八七九年）です。

このうち、『人間的な、あまりに人間的な』は、ニーチェによって、病気の克服の記録として回顧されています。「――私の体験――これは、病気と恢復の歴史である。つまり、病気からの恢復というのがその結果であった――」。ニーチェによれば、『人間的な、あまりに人間的な』とその附録は、精神の治療の記録でした。その治療とは、「ロマン主義に対抗するために自分で施すべき処置」であり、その処置とは「私の本能が長期にわたり健康であったとき、ロマン主義の中でもっとも危険な形をしばらくのあいだ患うことがあるかも知れないと考え、これを退治するために予め本能が私自身のために自分で発見し、自分で処方しておいたもの」であるとニーチェは語っています。

一八七九年冬、『漂泊者とその影』の完成とともに、ニーチェはながい病気から恢復し、健康を取り戻します。ニーチェ本来の立場からの逸脱、すなわち「自己喪失」が始ってから九年近くが経ち、ようやく「私自身への復帰」が実現します。ところが、この恢復の時期は、一八七九年冬。すでに述べたように、ニーチェはナウムブルクで瀕死の病人として生活していたはずです。ニーチェはこのころには病気と健康の意味を理解し、自分がながらく遠ざかっていた「課題」が何であったかを確認したという自信を持つことができたのでしょう。

そして、これに続く五年間、すなわち一八八〇年代前半は、健康と病気の意味をめぐる洞察に表現を与えることに費されます。本能の健康を取り戻したニーチェの思想は、完成に向って直線的な歩みを進め、その歩みは、『曙光』（一八八一年）、『悦ばしき知識』（一八八二年）、『ツァラトゥストラはこう語った』（一八八三〜一八八五年）という三つの著作を産むことになります。これが著作活動の第三期に相当します。一八八六年から翌八七年にかけて順次姿を現した七つの序文は、「病気と恢復の歴史」をこのように回顧しているのです。

なお、ニーチェの著作活動は、第一期（一八六九年秋から一八七一年四月）、第二期（一八七一年四月から一八七九年冬）、第三期（一八八〇年春から一八八五年秋）、そして、これ以降発狂までの啓蒙的な著作活動を独立の第四期とすれば、全体として四つの時期に区分されることになります。

ニーチェ最後の日々

ニーチェの著作活動が最終段階に入った一八八五年秋以降、ニーチェは何かにせきたてられるかのように、著作活動に時間と体力を集中させて行きます。そして、その密度は徐々に高くなって行きます。ニーチェは、発狂の一年前に当たる一八八八年のわずか一年のうちに、何と五つもの著作を執筆します。三月、冬のあいだ滞在していたニースを離れトリノに移ったニーチェは、『ヴァーグナーの場合』の執筆に着手し、これを完成させます。七月、シルス・マリアの下宿に落ち着くと、ニーチェは、二ヶ月あまりで『偶像の黄昏』と『反キリスト者』の刊行を計画し、その原稿をほぼ完成させます。ニーチェは、『権力への意志』の表題の下で執筆を準備していた啓蒙的著作の計画を最終的に放棄し、執筆のために作っていたメモの一部を切り取って、これら二つの著作をまとめたのでした。ニーチェが自らの思想の公表をいかに急いでいたかがわかります。九月下旬、再びトリノに現れたニーチェは、右に挙げた二つの著作を仕上げ、十月十五日、ニーチェ四十四歳の誕生日に、自伝『この人を見よ』の執筆を始め、わずか二週間で完成させます。その後年末にかけて、旧著の中からヴァーグナーに関連する文章を取り出して作成した『ニーチェ対ヴァーグナー』の編集と、印刷中の複数の著作の校正が並行して続けられます。

一八七九年、三十四歳で年金生活に入ってから、ニーチェの生活は簡素になり、体調のバランスを維持するための健康法が厳格に実践されていました。一八八六年以降、ニーチェは、時間と体力をさらに節約します。一八八六年のニーチェはまだ、春と秋にかなり遠方まで旅行に出かけています。これに対し、一八八七年には、季節の変わり目に移動する際、遠回りをしてチューリヒとヴェネチアに立ち寄った他は、旅行をしていません。一八八八年になると、ニースからトリノへ、トリノからシルス・マリアへ、シルス・マリアからトリノへ、それぞれ最短の経路で移動するだけで、ついにまったく旅に出なくなります。

旅に出なければ、知人や友人に直接会って話をする機会も少くなります。ニーチェと文通していた知人たちのうち、ほとんど誰一人として最晩年のニーチェと直接会うことはありませんでした。ニーチェが発狂する一年半前の一八八七年夏、シルス・マリアにニーチェを訪ねたプフォルタ学院在学中以来の友人パウル・ドイセンは、この時期のニーチェに直接会った数少い一人です。二人の学生時代、ニーチェがショーペンハウアーに傾倒していたころ、ニーチェのほとんど命令と言ってもよいような強い勧めでショーペンハウアーを読み始め、ショーペンハウアーの影響でインド哲学の研究へと進んだドイセンは、三十年近くに及ぶニーチェとの付き合いの中で、ニーチェの性格を熟知していました。このドイセンは、発狂の一年半前に見たニーチェの著しい変化を証言しています。

ドイセンがシルス・マリアでニーチェと再会し、ニーチェの部屋に入ったときに最初に気づいたことは、ニーチェが身のまわりのことに関心を払わなくなっていたということです。部屋では何もかも乱雑に散らかり、服装にも無頓着な様子だったのです。元来、ニーチェは、整理整頓には気を配る方で、服装にも凝る質でした。無趣味な生活を嫌うことを、三十年近くニーチェを見てきた、しかもニーチェからしばしば趣味を押しつけられていたドイセンはよく知っていました。一八八七年夏にドイセンが見たニーチェの生活は、以前のニーチェにはありえないものであったに違いありません。

ドイセンは、この乱雑さが単なるだらしのなさの結果ではなく、何か人格の一部の崩壊または変質を物語るものであるように思ったこと、不気味に感じたようなことも記しています。また、ドイセンは、このときニーチェが、近く彼の父カール＝ルートヴィヒと同じ病気で死ぬのではないかという予想を口にしていたことも記しています。

一年半ののち、ついに破局が訪れます。一八八九年一月六日、バーゼル大学でニーチェの年長の同僚であった歴史家ヤーコプ・ブルクハルト（一八一八〜一八九七年）は、トリノのニーチェから一通の書簡を受け取ります。「……私が世界を創造するという退屈を大目に見てきたのは、一つの小さな冗談でした。ところで、あなたは――君は――私たちの偉大にして最大の教師です。というのも、私はアリアドネと一緒に、すべての事物の黄金の均衡を示していれば十分なのであり……」。このような一節で始まるニーチェの手紙に、ブルクハルトは狂気の徴候を認め、ニーチェの友人でバーゼル大学の同僚でもあるオーヴァーベックを訪ね、何らかの対策を講じるよう忠告します。もっとも、ニーチェには、毎年十二月から一月にかけて情緒が多少不安定になる傾向がありました。オーヴァーベックは、ブルクハルトに届けられた手紙にはあまり注意を払いませんでした。ところが、翌日には、オーヴァーベックのもとにもニーチェから同じような手紙が届きます。「……僕はちょうど、反ユダヤ主義者どもを射殺させようとしているところだ。ディオニュソス」。

手紙を受け取ったオーヴァーベックは、ニーチェが精神に異常を来たしていると考えざるをえなくなり、その日の夕方、トリノ行きの夜行列車に乗り込み、翌八日の午後、トリノに到着して、カルロ・アルベルト通り六番地にあるニーチェの下宿に直行しました。ニーチェは、オーヴァーベックを見て涙を流したと伝えられています。ある不確かな証言は、一月三日の夕方、散歩の途中、ニーチェが、馬車屋の前で馬が御者に鞭打たれているのを目撃し、これに同情して泣きながら馬の首に抱きつき、そのまま昏倒したのだと伝えています。

翌九日の午後、ニーチェは、オーヴァーベックと、ドイツ領事館が手配したトリノ在住のドイツ人医師に両脇を抱えられ、トリノ駅に現れます。三人はそのままバーゼル行きの夜行列車に乗り込み、翌十日の早朝、バーゼルの隣のリースタール駅に到着します。一行は当時新設されたばかりのバーゼル大学附属の精神病院「フリードマット療養所」に向かいました。この病院を管理していた精神科医でバーゼル大学教授のルートヴィヒ・ヴィレ（一八三四〜一九一二年）は、ニーチェとオーヴァーベックの共通の知人で、オーヴァーベックから事前の相談を受け、ニーチェの治療を引き受けることを約束していたのです。

数日後、ニーチェの母フランツィスカがバーゼルに到着します。彼女は、ナウムブルクに近いところに息子を移すことを希望していました。治療上の便宜を考慮し、オーヴァーベックはこれに反対します。しかし、結局、母の希望が通り、イェーナ大学教授で精神科医のオットー・ビンスヴァンガー（一八五二〜一九二九年）がニーチェを引き取ることになります。一月十七日、ニーチェは母とともにバーゼルを離れます。

バーゼルのフリードマット療養所に入院中、ニーチェは、一枚のスケッチを描いています。縦長の紙の下の方に、医師の手で「フリードリヒ・ニーチェのスケッチ」と書かれたこの絵は、何を描いたものなのでしょうか。ニーチェにとって重要な意味を持つものが描かれているはずです。しかし、このままでは、描かれているものが何であるのかわかりません。

（上）ニーチェのスケッチ
（下）ライオン記念碑

ところが、これを左に九十度回転させ、横長の絵として眺めると、そこに一つの像のおぼろな輪廓が浮かび上がります。描かれていたのは、ルツェルンのライオン記念碑でした。一八八二年五月十三日、ニーチェがルー・ザロメに結婚を申し込んだのが、このライオン記念碑の前でした。

ニーチェは手先が器用ではなく、しかも、強度の近視のため、絵を描くのが苦手でした。ニーチェが絵を描くことなど滅多にありませんでした。それだけに、狂気の世界の住人となったニーチェが残したたった一枚のスケッチに描かれていたライオン記念碑は、ルー・ザロメの思い出と結びつく、重い意味を持っているように思われます。たしかに、あの日のニーチェは終始上機嫌でした。最晩年の数年間、直接知人や友人と交際する機会を持たなかったニーチェに比べると、一八八二年のニーチェは、はるかに社交的な生活を送っていました。自分の思想を理解する者が、空間的に近いところに見出されるかも知れぬという期待をニーチェはまだ捨ててはいませんでした。ルー・ザロメは、ニーチェにとって強く印象に残る存在だったのでしょう。

ところで、著作活動を全力で続けていたニーチェをせきたて、追いかけていたのが狂気の影であったとするならば、狂気の世界に足を踏み入れたとき、ニーチェは語るべきことを語り尽くさずに終ってしまったのか、それとも、狂気の到来までに、その思想のすべてを語り尽くすことができたのかのいずれかであったはずです。ニーチェの著作活動は狂気によって中断されたのでしょうか、それとも、狂気に先立ち、最後の作品『この人を見よ』とともに著作活動は終結していたのでしょうか。

「私は近いうちに、これまで人類に対して差し出されてきたものの中でもっとも困難な要求を携えて人類の前に姿を現さねばならない」。『この人を見よ』の冒頭の一文です。この言葉は、ニーチェがまだ語るべきものを隠し持っていたかのような印象を与えます。けれども、ニーチェのノートには、『この人を見よ』に続く著作の計画は何も記されていません。ニーチェが予告しているのは、『この人を見よ』よりも先に印刷が始まっていた、しかし、『この人を見よ』よりもあとに公刊が予定されていた『反キリスト者』のことと理解されるべきでしょう。

ニーチェは、語るべきことをすべて語り尽くした上で発狂しました。発狂したとき、ニーチェには、新たに語るべきことはもはや残ってはいませんでした。『この人を見よ』は、偶然最後の作品となったのではなく、最後の作品として執筆されたものだったのです。ニーチェの思想はすべて、公刊された著作の中で表現を与えられていると考えねばなりません。

一八八九年一月、バーゼルを去ったニーチェは、イェーナ大学附属病院に入院し、一年半ほど入院生活を送ったあと、恢復の見込みがないことを宣告され、一八九〇年五月に退院し、母とともにナウムブルクに戻ります。ニーチェの病状は、緩慢に、しかし確実に悪化を続けます。麻痺が全身に及び、次第に日常的な会話にも支障を来たすようになります。

ニーチェの精神錯乱、およびこれに続く進行性の麻痺の原因について、確実なことは何もわかっていません。二十世紀前半までは、いわゆる「梅毒説」が有力でした。ニーチェをモデルにした主人公が登場するトーマス・マン（一八七五～一九五五年）の『ファウストゥス博士』（一九四七年）は、この説に依拠しています。しかし、梅毒を原因とする精神錯乱の場合、ほとんどの患者が三年以内に死亡するのに対し、ニーチェが世を去ったのは、精神錯乱から十一年も経ってからでした。そのため、現在では、梅毒説は支持されていません。

また、ニーチェが一八八九年一月以前のかなり早い時期に何らかの狂気の兆候を示していたと考える研究者がいます。ニーチェが精神に異常を来たした時期についてもさまざまな見解があり、一部の研究者は、ニーチェの狂気が遺伝的なものであり、ニーチェが生れたときにはすでに潜在的には狂人であったとすら主張しています。

ニーチェの発狂の原因の調査は、ながいあいだ、ニーチェを誹謗し中傷する試みと一体をなしていました。ニーチェの思想がどの程度無価値かという問題は、ニーチェがいつから気が変だったかという問題に置き換えられることが多かったからです。

たしかに、ニーチェは粗暴でも凶暴でもありませんでしたけれども、変人ではあったようです。精神錯乱の直後にニーチェが認めた書簡を受け取ったすべての知人や友人が不可逆的な狂気を読み取ったわけではありませんでした。例えば、ニーチェの筆耕係のような仕事を引き受けていた年下の知り合いで、作曲家でもあったペーター・ガスト（本名ハインリヒ・ケーゼリッツ、一八五五～一九一八年）は、発狂したニーチェから次のような手紙を受け取っています。「わが楽匠ピエトロへ。私のために新しい歌を歌え。世界は浄化され、全天空が喜んでいるのだから。十字架にかけられた者」。ところが、これを読んだガストは、ニーチェの発狂に気づかず、返事を認めています。ニーチェが発狂したという知らせも、知人や友人たちのあいだに、「やはり」「また？」「まだ狂っていなかったのか」

（上）フランツ・オーヴァーベック
（下）ヤーコプ・ブルクハルト

「どうせ芝居でしょう」などの鈍い反応しか惹き起こしませんでした。ニーチェから受け取った手紙の中に決定的な異常の徴候を認めたブルクハルトは、例外的な鑑識眼を持っていたことになります。

しかし、皮肉なことに、このころから、ニーチェの名は次第に同時代の読者のあいだで知られるようになり、最初の著作集の刊行も始まります。ニーチェが待ち望んでいた反響も、真面目な批評の形で徐々に発表され始めます。もちろん、ニーチェ自身は、もはやそれを見ることはできません。ニーチェは、一八九六年まではナウムブルクで母の看護の下で生活し、ニーチェの妹エリーザベトがヴァイマールに「ニーチェ・アルヒーフ」を設立したのちにはヴァイマールに移り、ここで、一九〇〇年八月二十五日、肺炎のため五十五歳で世を去ります。

ニーチェが発狂したころ、ドイツ帝国ではビスマルク（一八一五～一八九八年）が引退し、それとともに、ながらく不況に苦しんできたドイツ国内の経済は急速に回復します。出版業界も活気を取り戻し、ニーチェの著作の売れ行きも、急激に拡大して行きます。

哲学の世界でも大きな変化が始まろうとしていました。ニーチェが知的世界の一角に姿を現した一八七〇年代の初め、その中心を占めていたのは、エドゥアルト・フォン・ハルトマン（一八四二～一九〇六年）であり、ダーフィト・シュトラウス（一八〇八～一八七四年）であり、ジョン゠スチュアート・ミル（一八〇六～一八七三年）であり、ハーバート・

スペンサー（一八二〇～一九〇三年）であり、チャールズ・ダーウィン（一八〇九～一八八二年）であり、ルートヴィヒ・フォイエルバッハ（一八〇四～一八七二年）であり、ブルーノ・バウアー（一八〇九～一八八二年）であり、オイゲン・デューリング（一八三三～一九二一年）であり、イポリット・テーヌ（一八二八～一八九三年）でした。これらいかにも十九世紀的で、今日ではあまり読まれることのなくなった思想家たちが、ニーチェの乗り越えるべき相手でした。しかし、わずか二十年後、ニーチェが発狂したときには、状況は大きく変化していました。フッサール（一八五九～一九三八年）三十歳、ベルクソン（一八五九～一九四一年）三十歳、デューウィ（一八五九～一九五二年）三十歳、ジンメル（一八五八～一九一八年）三十一歳、フロイト（一八五六～一九三九年）三十三歳……。ニーチェが知的世界から姿を消すとともに十九世紀は終わり、二十世紀が始まろうとしていました。そして、二十世紀前半の哲学の主流をなす思想が芽を出そうとしていました。

さらに、ニーチェが知的世界の舞台から退場した一八八九年は、もう一つ次の世代の中心的な人物たちが生れた年でもありました。ドイツ西南部、フライブルク近郊の寒村でハイデガー（一八八九～一九七六年）が、ヴィーンでヴィトゲンシュタイン（一八八九～一九五一年）が、パリでガブリエル・マルセル（一八八九～一九七三年）が、姫路で和辻哲郎（一八八九～一九六〇年）が生れたのが、この年でした。

ニーチェが知的活動を停止したとき、ニーチェがその中でながらく呻吟（しんぎん）していた哲学の暗黒時代は終わろうとしていました。そして、ニーチェが遺したものを手さぐりで読み解くことにより、新しい道を切り拓く試みが始まろうとしていました。

ニーチェのキーワード

ボナヴェントゥーラ・ジェネリ『ミューズに囲まれたディオニュソス』 トリプシェンのヴァーグナー邸に飾られていた

1　教養俗物

『反時代的考察第一篇　信仰告白家にして著述家ダーフィト・シュトラウス』（一八七三年）においで使われたニーチェの造語。実際には無教養なのに自分には教養がある（したがって俗物ではない）と思い込み、自分や文化の現状に満足している知識人をニーチェはこのように呼びます。普仏戦争後、ドイツの軍事的な勝利をドイツ文化の勝利にすり替える自己満足的な風潮が蔓延します。これにいかがわしさを感じたニーチェは、自らの文化に根拠のない誇りを持つ教養俗物を諷刺します。教養俗物たちの姿は、ニーチェによれば、「不格好な者が雄鶏のように勿体ぶって鏡の前に立ち、鏡に映る自分の姿とほれぼれと眼差しを交換している」ようなものでした。

ダーフィト・シュトラウス（一八〇八～一八七四年）は、『イエスの生涯』（一八三五～一八三六年）を著し、ヘーゲル学派の分裂のきっかけを作ったヘーゲル左派の神学者で、一八七二年に公刊された『古い信仰と新しい信仰』の中で、歴史的使命を終えたキリスト教（古い信仰）に代わって、科学的知識にもとづく世界観や人生観への信仰（新しい信仰）により生活を導くべきであると主張します。ニーチェは、シュトラウスおよびその仲間の知識人たちのうちに教養俗物の典型を認めます。シュトラウスの著作は、当時、その内容をめぐり激しい論争を惹き起こしていました。『反時代的考察第一篇』は、反シュトラウスの立場を代表する文献の一つとして読まれていました。これは、ニーチェの著作のうち生前もっとも売れ行きが良かったものです。

「俗物」(Philister)とは、元来、旧約聖書に記されている、イスラエルに海から侵入してそのまま居すわった異民族ペリシテ人のことでした。十八世紀後半以降、大学生たちのあいだで、大学街に住んでいながら大学に関係していない人間がペリシテ人になぞらえられるようになり、さらに、この言葉は、無教養な人間一般を指すようになります。ショーペンハウアーには、この意味での俗物を主題的に取り上げた文章があり、教養俗物についてのニーチェの見解は、ショーペンハウアーの文章に依拠しています。知的向上心の欠如や自己満足など、ニーチェが教養俗物に認めた特徴は、ショーペンハウアーが俗物について指摘していたものでした。

ところで、シュトラウスに対するニーチェの批判は、事実上、シュトラウスの見解の戯画化であり、シュトラウス個人を中傷するものでした。そのため、『反時代的考察第一篇』は、下品な中傷の文書として顰蹙を買っていました。ニーチェ自身、この点を気にしていたのでしょう、一八七四年、シュトラウスが世を去ったとき、ニーチェは次のように語っています。「昨日、ルートヴィヒスブルクで、ダーフィト・シュトラウスの埋葬が行われた。僕が彼の人生の最後の時期に彼に苦しい思いをさせたというようなことがなければよいのだが、そして、彼が僕について何も知らないまま世を去ったのならよいのだが、と強く願っているのだ。――僕は、いくらか気がとがめているのでネ」（一八七四年二月十一日附、カール・フォン・ゲルスドルフ宛）。

2　自由なる精神

ニーチェが自由なる精神という言葉を使うとき、それは、精神的な自由を持った人間、すなわち、自らの生存を認識の実験の材料として利用するのに十分な健康を具えた本能の持ち主を意味します。この言葉をニーチェが初めて使ったのは、一八七〇年秋のことです。当時ニーチェが準備していたギリシア悲劇を主題とする著作のためのメモの中にこの言葉を見出すことができます。その後、一八七六年に、のちに『人間的な、あまりに人間的な』（一八七八年）に収められることになる断章がニーチェのノートに記され始めるとともに再び姿を現します。『人間的な、あまりに人間的な』には、「自由なる精神たちのための書物」という副題が添えられており、この著作において、自由なる精神が重要な概念であることがわかります。そして、これ以後最晩年にいたるまで、ニーチェは、自由なる精神の概念に繰り返し言及することになります。

ニーチェは、自由なる精神を「自由思想家」と混同してはならないと言います。自由思想家とは、十七世紀から十八世紀にかけて、主としてフランスとイギリスに登場した一群の思想家で、キリスト教を批判し、道徳からの自由を主張するという共通点を持っています。フランスでは、月世界旅行記を著したシラノ・ド・ベルジュラック（一六一九～一六五五年）、イギリスでは、形而上学詩人のチャーベリーのハーバート（一五八三～一六四八年）やジョン＝アンソニー・コリンズ（一六七六～一七二九年）などの理神論者たちが自由思想家に数えられています。これら自由思想家たちと自由なる精神との差異は、自由思想家たちが「まだ真理を信じている」点に存するとニーチェは主張します。

自由思想家がいまだに信じており、自由なる精神がもはや信じてはいない真理とは何なのでしょう。一八七〇年秋、自由なる精神という言葉が初めて用いられたのち、この言葉は、同じ意味を担わされた別の言葉に置き換えられ、すぐに姿を消してしまいます。ニーチェは、自由なる精神に代わり、「悲劇的人間」という言葉を使い始めるのです。『悲劇の誕生』（一八七二年）に含まれる悲劇的人間という言葉は、自由なる精神の同義語です。悲劇的人間とは「悲劇的認識」を承認する人間であり、悲劇的認識とは、生存の不可欠の前提となるあらゆる価値が妄想に過ぎないという洞察でした。自由なる精神すなわち悲劇的人間は、一切の価値が虚偽であることを理解します。これに対し、自由思想家たちは、彼らが真なる価値と信じるものの正統性を擁護するためにキリスト教を批判するに過ぎず、キリスト教徒と同様に束縛されているとニーチェは考えているのです。

精神の自由とは、真理であることを標榜するすべての価値からの自由であるとともに、万人が認める真理など存在せず、すべては虚偽であるという洞察にもとづき、自らの生活を導く価値を妄想として産出する自由であることになります。言い換えるなら、精神の自由とは、実験する自由であることになります。

3 実験哲学／危険な生活を送ること

最晩年のニーチェは、自らの哲学の本質を表現するために、「実験哲学」という言葉を用います。この言葉は、元来、フランシス・ベーコン（一五六一～一六二六年）やロバート・ボイル（一六二七～一六九一年）に代表される十七世紀イギリスの自然探究を指すもので、実験という修飾語は、アリストテレス（紀元前三八四～三二二年）に由来する思弁的な自然探究との差異を示しています。

ニーチェの場合、この言葉は、実験する者自身の生存を実験材料とするような試みを指します。ニーチェは、自らの生存全体を材料として認識の実験を遂行する努力を、哲学することの意味と考えていることになります。第三期の著作『悦ばしき知識』（一八八二年）

において、ニーチェは次のように言います。「……私は年齢を重ねるにつれて、人生が一層真なるもの、一層欲求するに値するもの、秘密に満ちたものであると思うようになっている。——偉大な解放者、つまり、人生を認識者の実験とすることが許されているというあの思想が私のもとに到来した日以来。……認識とは、私にとって、危険と勝利の世界であり、そこでは英雄的な諸感情もまた、踊る場所と戦う場所を持つ。『人生は認識の手段なり』——この根本命題を心に抱くことによって、ただ単に勇敢に生きるだけでなく、悦ばしく生き、悦ばしく笑うこともできるであろう……」。

そして、ニーチェは、生存に対して耐えうるかぎりでもっとも敵対的に作用するような認識を産出することにより、生存への意欲の強さを測ることを「危険な生活を送ること」と名づけます。危険とは、芸術作品から受け取ったり自ら産出したりする妄想のペシミスティックな性格に負けて生存への意欲を喪失してしまう危険、ニーチェの言葉を使うなら「没落」してしまう危険を意味します。この危険は、つねに新たなペシミスティックな認識を真なるものとして認め、これを試金石として、生存をその都度危機的な状況に導き入れ、生存がこれに耐えられるかどうかを繰り返し試す者には避けることができない危険です。実験を自ら進んで試み、これに耐えることができるかぎり、実験は、その試金石が要求するだけの健康と強さの証となります。「等しきものの永劫回帰」は、もっとも深刻に生存への意欲を毀損する認識であり、もっとも健康でもっとも強い人間すなわち「超人」

であるか否かを調べる試金石として機能します。ペシミスティックな認識を実験的に産出することが「危険な生活を送ること」であり、実験哲学の意味であるなら、そのような生存は、健康な人間に固有のものであり、病人には許されていないことになります。「私は、耐えがたい状態、場所、住まい、社交関係であっても、そのようなものが一旦偶然によって与えられると、何年にもわたって執拗にこれらに固執した。それは、意志によってではなく、あの本能によってであった。——いずれにしても、それは、変更すること、つまり『実験する』ことよりも賢明であった。実験は苦悩する者の本能に反する。高度な意味において、ひとは、実験をまさしく力の証明と名づけることができるであろう。自らの人生を実験の材料とすること——これは何よりも精神の自由なのであり、それが私にとっての哲学となったのである」(一八八八年十月から十一月のノート)。ニーチェは自らこう回顧しています。

4 ソクラテス主義

『悲劇の誕生』(一八七二年)において使われている言葉。すべての事象は合理的に説明することが可能であり、また推論を合理的に積み重ねることにより、事柄の真相がことごとく明らかになると期待するばかりではなく、あらゆることが合理的に解明され表現されるべきであるとすら主張する、合理的思考に無限の信頼を置く立場を指します。『悲劇の誕生』では、哲学者ソクラテス（紀元前四七〇／四六九〜三九九年）に始まるものとして論じられていることから、「ソクラテス主義」と呼ばれます。ニーチェは、ギリシア悲劇を、ディオニュソス的なものとアポロン的なものを仮説として利用し、生存と世界を解釈する試みの成果として理解します。ニーチェによれば、ギリシア悲劇は、ペシミスティックな認識を表現し、健康なギリシア人の生存への意欲を刺戟する装置でした。悲惨な内容の劇は、生存に敵対的に作用するよう実験的に産出された妄想であり、劇を介して伝達される「ディオニュソス的真理」は、試金石として機能する単なる妄想であり、合理的な根拠を持つものではありませんでした。そして、ギリシア人は、悲劇をそのようなものとして理解していました。ところが、ニーチェによれば、この理解を共有しない観客が二人だけいました。一人はソクラテス、もう一人は、ソクラテスが作品の製作を手伝ったと伝えられる悲劇詩人エウリピデス（紀元前四八五頃〜四〇六年頃）です。合理的に説明することのできないものは善や美の名に値しないと考えていた二人は、ギリシア悲劇からディオニュソス的なものを取り除くことにより、悲劇を破壊してしまいます。

ところで、悲劇が破壊されたのち、西洋世界において生存を導く価値を与える役割を期待されていたのは「学問（科学）」であるとニーチェは言います。学問という知的活動は、冒頭に述べたようなソクラテス主義のオプティミズムによって遂行されていました。このオプティミズムを体現する人間をニーチェは「理論的人間」と呼びます。学問の目標は、真なるものを偽なるものから区別すること、そして、最終的には、単なる妄想を解消して真なる価値に合理的な基礎を与えることになります。

しかし、ソクラテス主義は、それ自体が一つの妄想に過ぎず、その妥当性に関し予め何らかの保証が与えられているわけではありません。実際、学問は、妄想を解消して行くうちに、ソクラテス主義自体も妄想として解消してしまうことになったとニーチェは主張します。学問が価値に合理的な基礎を与えるという所期の目標を実現できないことが明らかになったとき、「悲劇的認識」が姿を現します。それとともに、悲劇に対する欲求が復活し、学問は、本質的に芸術的な活動へと、すなわちペシミスティックな妄想の産出を課題とする活動へと生れ変わります。近代において悲劇が再生するとしても、それは、ギリシア悲劇の単なる復活ではなく、本質的に新しいものの誕生として理解されねばなりません。ニーチェは、たしかに、多くの価値をギリシア文化の中に認めながら、哲学についても芸術についてもギリシア的なものの限界について決して盲目ではありませんでした。ギリシアについての豊富な知識にも拘わらず、ニーチェがギリシア哲学に負っているものは決して多くはありません。ニーチェがギリシアには見出されないものを追求していたからであるに違いありません。

5 レーアリスムス

「レー」（Rée）と「レアリスムス（リアリズム）」（Realismus）とを組み合わせたもので、五歳年少のユダヤ人の知り合いパウル・レーの思想的立場を表すニーチェの造語です。「レー風のリアリズム」という意味になります。一八七八年に公刊された『人間的な、あまりに人間的な』の中に、ニーチェの知人や友人は、在野の哲学者レーの影響を認めます。この著作は、二つの点で以前からの読者の目を惹きました。第一に、これ以後のニーチェのほとんどすべての著作で採用される、フランスのモラリストを模倣したアフォリズム（箴言）の形式による表現が初めて試みられたこと。第二に、内容的には、善悪を判断する能力が人間に先天的に具わるものではなく、歴史的な起源を持つものであると強く主張されていること。これら二つの点は、前年の一八七七年に公刊されたレーの著作『道徳感覚の起源』にも見出されるものでした。さらに、『人間的な、あまりに人間的な』において、ニーチェは、レーに好意的に言及しています。ニーチェの背後にレーの姿が見えると思うのは自然なことでした。そして、ヴァーグナー夫人にとって、『人間的な、あまりに人間的な』に見出されるパウル・レーの影響は、ユダヤ人によって惹き起こされたニーチェの堕落を意味していました。

パウル・レー

ニーチェ自身、一八七七年にレーから『道徳感覚の起源』を贈られたとき、その内容を熱狂的に歓迎しています。また翌年、『人間的な、あまりに人間的な』をレーに贈る際、ニーチェは、レーの影響を率直に認めて感謝し、「レーアリスムス万歳！」と記しています。ところが、同じころライプツィヒ大学在学中以来の友人エルヴィーン・ローデ（一八四五～一八九八年）に宛てた書簡には、『人間的な、あまりに人間的な』の中にレーの影響を探さないでほしいと記されています。レーの影響は、最晩年のニーチェによってさらに強く否定されます。ニーチェの回想によれば、「レーアリスムス」に対する好意的な評価は、ヴァーグナーの影響を排除するための方便に過ぎず、むしろ、ニーチェは、自らが好意的に言及したおかげで、レーは「世界史的な栄光」（『この人を見よ』）に包まれることになった……とまで豪語しています。『人間的な、あまりに人間的な』の思想的立場を「比較的高級なレーアリスムス」と勘違いするような読者は「見込みがない人間」であるとニーチェは威張りながら厳かに語っています。たしかに、道徳の歴史的な変化とは道徳における非利己的な要素の増大であり、これが道徳の進歩ないし進化であると理解するレーの立場は、ニーチェには最初から受け入れることのできないものであったに

パウル・レー終焉の地とそこに埋め込まれた銘板

違いありません。

　レーの方は、この点についてどのように考えていたのでしょう。ニーチェの知り合いであるというだけの理由で歴史に名をとどめているこのユダヤ人は、アクの強さという点でも、才能の点でも、ニーチェには及びません。本人も、自分が凡庸であることを自覚していたのでしょう。ニーチェがレーへの書簡の中で『人間的な、あまりに人間的な』は「あなたのものです」と語ったとき、レーは、おずおずとした態度で感謝の言葉を述べたものの、決してこれを認めようとはしませんでした。レーは、ニーチェを正しく理解することはできなかったかも知れません。しかし、ニーチェと自分の見解が根本的に異なっていることは、よくわかっていたに違いありません。

6 悲劇的認識

生存と価値をめぐるニーチェ固有の一群の洞察の総称で、ニーチェの認識論全体の基礎をなしています。『悲劇の誕生』（一八七二年）において、悲劇の製作と鑑賞とを可能にするような認識論的な前提として導入されるため、このような名称が与えられました。

ギリシア悲劇を破壊したソクラテス主義は、真なる価値を妄想から区別し、真なる価値の合理的な基礎づけを目指す「学問」の遂行を促進します。しかし、学問は、たしかに妄想を解消することには成功しても、合理的な基礎を持つ価値、真なる価値を手に入れるにはいたらず、却って、当初の目標とは反対に、合理的な思考によって事柄の真相を把握することの不可能を確認せざるをえなくなります。それとともに、合理的な思考によって事柄の真相が把握され表現されるはずであり、またそれこそが望ましいと信じるソクラテス主義のオプティミズムも妄想に過ぎぬことが明らかになり、破綻を余儀なくされます。そして、ソクラテス主義の破綻とともに、一つの新しい洞察が姿を現します。それが悲劇的認識です。悲劇的認識の核心部分は、次の三つの主張から成り立っています。

第一。いかなる価値も前提とすることのない生存は不可能であり、生存はつねに予め何らかの価値を真なるものとして承認することによって初めて可能となる。

第二。しかしながら、合理的な基礎を持つ価値など存在せず、すべての価値は虚偽であり、妄想であり、仮象であり、幻想に過ぎない。

第三。したがって、これら二つの点を理解した者は、生きるために、何らかの妄想を、それが妄想に過ぎぬと知りながら欲求せざるをえないことになる。

このような前提の下では、万人に当てはまるような善悪についての真理を追求する必要はなくなり、各人は、自らの知性の健康状態に相応しい妄想を産出したり承認したりすることが許されるようになります。最晩年のニーチェは、「何ものも真ではない、すべては許されている」(『道徳の系譜学』)と表現します。すなわち、悲劇的認識は、健康な人間にとっては、自らの生存を認識の実験として利用する自由の、そしてまた悲劇に対する欲求の認識論的な根拠になります。

すでに述べたように、悲劇的認識は、ソクラテス主義の破綻とともに姿を現す「新しい認識の形式」です。悲劇的認識は、学問という知的活動を介して初めて獲得される近代に特有の認識であり、これを承認し、しかも悲劇を欲求しうるだけの健康を具えた人間こそ、近代における芸術の真の担い手に他なりません。ニーチェは、この悲劇的認識によって、ソクラテス以降少くともヘーゲルにいたるまで、哲学者たちの共通了解となっていた価値の基礎づけ可能性をハッキリと否定し、何かに基礎や根拠を与え、これを正当化し説明する作業と訣別します。そして、ヘーゲル以降の哲学は、全体として、結果的に、ニーチェよりも大分遅れて同じ道を歩むことになります。悲劇的認識は、ニーチェの歴史的位置を考えるための一つの手がかりとなるに違いありません。

7　善良と邪悪、優良と劣悪

強者（健康な人間）と弱者（病人）が服従することを願う道徳はそれぞれ異なっています。ニーチェは、強者が求める道徳を「君主道徳」、弱者が求める道徳を「奴隷道徳」と名づけます。これら二種類の道徳のあいだには、無視することのできない差異が横たわっており、その差異は、「奴隷道徳」の成立の事情に由来するものであるとニーチェは言います。

第四期の著作『道徳の系譜学』（一八八七年）において、ニーチェは、これら二種類の道徳のあいだの差異を「善良と邪悪」「優良と劣悪」という二組の対概念のあいだの関係の差異として説明します。高貴な者すなわち強者は、自らを優良な、それゆえ善良な者と見做し、自らを基準として、自らに対立する者、政治的・精神的な意味で優良な性質を共有しない者を劣悪な者、したがって邪悪な者と判断します。これが君主道徳です。君主道徳のもとでは、強者に具わる健康や強さが価値の尺度になります。

これに対し、キリスト教道徳に代表される奴隷道徳は、優良な者は邪悪な者であり、劣悪な者こそ善良であるという判断を前提とします。二組の対概念のあいだの関係が転倒しているのです。ニーチェに従うなら、このような差異は、「ユダヤ的価値転換」または「奴隷一揆」による復讐の結果に他なりません。弱者は、強者から何らかの被害を受けても、直接復讐することができません。そこで、弱者は、強者に「ルサンチマン（怨恨）」を抱き、「想像上の復讐のみによって自らが被った損害の埋め合わせをしよう」とします。弱者はまず、強者の価値を転倒させ、優良な者は弱者に損害を与えるがゆえに実は邪悪なのだと主張します。弱者は、強者と直接対決することなく、いわば、勝負の土俵そのものをずらしてしまうのです。そして、君主道徳では邪悪な者と見做されていた劣悪な者、出来損いの、愚鈍な、病んだ、疲れた者が、反対に、善良な存在の位置を与えられます。「奴隷一揆」とは、このような価値の転倒を意味します。

君主道徳においては、強者が自らを価値あるものとして肯定的に措定することが出発点であったのに対し、奴隷道徳のもとでは、強者に対する弱者のルサンチマンが最初に生れ、弱者が強者を邪悪な者として否定的に評価し、さらに、優良な者をめぐるこの否定的な評価を媒介として、弱者はようやく自らを劣悪であるがゆえに善良な者と規定することができるようになりました。奴隷道徳は、君主道徳に対する消極的な反発、強者に対する「憎悪に由来する道徳」に過ぎないのです。

しかしながら、私たちは日常生活の中で、このような奴隷一揆またはユダヤ的価値転換の事実に気づくことはありません。キリスト教道徳、これを前提とする近代の民主主義は、出来損いが自らの身を守るために発揮した狡知の結果であるということ、人類全体の福祉を著しく妨げる錯誤であることに気づくのも容易ではありません。というのも、私たちが生きているのが、すでに奴隷一揆が成功して奴隷道徳が君主道徳に勝利を収めてしまった世界、賤民の視点がすみずみにまで浸透した世界に他ならないからなのです。

8 強者／弱者

ニーチェが「強者」「弱者」という言葉を用いるとき、その意味は、通常の用法とはかなり異なっています。強者の強さとは、普通、自分以外の人間や事物を意のままに動かす物理的な腕力、政治的な権力、弁論術的な説得力などを意味します。これに対し、ニーチェは、本能の健康に「強さ」という表現を与えます。そして、本能の健康とは、生存に敵対的に作用するペシミスティックな認識が真なるものであることを承認するばかりではなく、生存への意欲を一層深刻に毀損（きそん）するような認識を敢えて欲求し、場合によっては自ら産出することにより、生存全体を試煉にかける実験的なペシミズム、ニーチェの言葉を使うなら「ディオニュソス的ペシミズム」への傾向を指します。このような意味での健康が「強さ」と表現されるのは、ペシミスティックな認識が知性に対する負荷として機能するからであり、負荷に対する抵抗力、つまり生存への意欲の強さ、負荷に対する欲求こそ強さの本来の意味であるからに他なりません。真に健康な人間は、生存が苦痛に満ちたものであり、無意味なものであるからこそ生存を欲するということになります。したがって、反対に、弱者の「弱さ」とは、知性の負荷に対する抵抗力の欠如と消極的な態度であり、本能の病気を指すことになります。弱者は、知性に対する刺戟に耐えられず、これから身を守るため、希望や慰めや励ましを与えてくれるようなもの、例えばロマン主義、プラトニズム、キリスト教などを必要とします。

とはいえ、ニーチェによって書き残されたものには、強者や弱者という言葉が普通の意味で使われているように見える箇所があることは事実です。そして、そうした箇所がニーチェについての誤解を誘発し、ナチズムや人種差別主義と結びつけられることになったのもまた確かです。

しかし、ニーチェが強者や弱者という言葉を普通の意味で用いていることがあるとしても、それは不思議でも不自然でもありません。強さの意味をめぐるニーチェの見解は、強者が周囲の人間や事物を意のままに動かすことができるのはなぜか、ということの説明だからです。キリスト教や民主主義の影響が及んでいない健全な社会において高貴な者が高貴であり、支配者として支配力を持つことが許されていたのは、高貴な者、支配者、普通の意味での「強者」がニーチェ的な意味での「強さ」を具え、本能の健康を具え、ペシミスティックな認識に耐えて生存への意欲を失わないからであるということ、これがニーチェの洞察なのです。言い換えるなら、本能の健康以外の何ものも価値の尺度とはなりえないのです。さらに、社会が健全であるかぎり、弱者は、保護されるべきものと見做されることはありません。もちろん、それは、弱者が共同体の役に立たないからではありません。弱者とは、本能が病んだ者であり、自らは積極的な価値を産み出すことのできない者、価値の動揺と解体という不可逆的なプロセスに対して無駄な抵抗を試みる反動的で消極的な存在に過ぎないからです。

現在、弱者という言葉が保護されるべき善良な存在というニュアンスを帯びているとすれば、それは、キリスト教による奴隷一揆が成功を収めた世界、健康な人間に対する憎悪が完全に浸透した世界に私たちが生きているという悲しむべき事実の証に他ならないのです。

9 ニヒリズム

ニーチェの術語としてのニヒリズムは、三つの意味で使われています。第一に、ニーチェがこの言葉を使用するときには、生存を導く価値が動揺し解体して行く必然的で不可逆的な歴史的プロセス、そして、結果的にこのプロセスを進行させる役割を果たしている活動ないし出来事が念頭にあります。この場合、出来事の価値に関する判断は含まれていません。第二に、このような歴史的プロセスに対する否定的な態度もまたニヒリズムと呼ばれます。「消極的ニヒリズム」とも呼ばれます。希望や慰めを与えるキリスト教、諦念を教える仏教は、この意味においてニヒリスティックであると言われます。さらに、第三に、ニヒリズムとは、価値の動揺や解体を悦ばしいものとして歓迎し、このプロセスを加速させることに自ら手を貸そうとする態度のことでもあります。ニーチェは、これを「積極的ニヒリズム」とも呼んでいます。「ニヒリズム」は、ラテン語の「ニヒル」(無)に由来する言葉で、すでに十八世紀には使用されていました。十九世紀半ば以降は、ロシアの作家ツルゲーネフ(一八一八〜一八八三年)の小説『父と子』(一八六二年)に描かれた類型が有名になり、既存の政治体制、道徳、権威、宗教を否定し、これらを破壊しようとする、主にロシアの社会主義者たちが「ニヒリスト」の名で呼ばれるようになりました。「ニヒリスト」たちのニヒリズムは、さしあたり第三の意味でのニヒリズムに分類されます。

とはいえ、これら「ニヒリスト」たちは、何らかの価値に対する信頼を捨ててはいません。それゆえ、ニーチェによれば、これらの「ニヒリスト」たちのニヒリズムは中途半端なものに過ぎないことになります。これに対し、ニーチェは、価値が虚偽であることが明

ニーチェのタイプライター　1882年にパウル・レーから贈られたもの
不器用なニーチェには使いこなすことができず、たちまち壊れてしまった

らかになるプロセスをその極限にいたるまで先取りした最初の「完全なニヒリスト」（一八八七年十一月から一八八八年三月のノート）として自らを理解し自慢します。ニーチェのニヒリズムが完全である所以は、破壊の対象が価値のすべてに及ぶという点にあります。そして、ニーチェによれば、この完全なニヒリズムこそ、同時に、ニヒリズムを克服するための唯一の道でもありました。

弱者すなわち本能が病んだ者たちにとり、すべての価値が虚偽に過ぎないという認識が知性に与える負荷はあまりにも大きく、彼らはこれに耐えることができません。キリスト教や民主主義は、この認識を覆い隠すために考案された、しかし破綻する運命を免れることのできない手段です。これに対し、強者すなわち健康な人間は、いかなる価値も合理的な基礎を持たず、誰もが承認すべき価値など存在しないことが明らかになる過程を、生存に敵対的であるがゆえに悦ばしいものと見做します。それどころか、強者にとり、この過程を自らの手で加速させる作業すら悦ばしいことになります。この作業は、自らの生存を材料にした認識の実験なのです。ヨーロッパの歴史はニヒリズムの歴史であるとニーチェは言います。すなわち、ニーチェに従うかぎり、文化は時代とともに卑小で低俗なものとなり、道徳は拘束力を失って行くことが避けられません。そして、ニヒリズムが極限に達したとき、もっともペシミスティックな認識である「永劫回帰」が真なるものであるよう願う「超人」が、強さないし健康を頼りとして大地の支配者となります。このとき初めてニヒリズムが克服され、新たな価値が生れます。これが「価値転換」の本当の意味です。ニヒリズムを徹底することなしにニヒリズムは克服できません。ニーチェは、逃れようのないプロセスの内部において各人が向かわざるをえない目標をこのように示します。

10 超人

もっとも健康でもっとも強い人間のこと。もっともペシミスティックな仮説である「永劫回帰」を真なるものとして承認する健康と強さを具えている存在を意味します。ニーチェは、この言葉を一八八三年に公刊された『ツァラトゥストラはこう語った』第一部の冒頭に置かれた「ツァラトゥストラの序説」において初めて使います。三十歳のとき山に籠(こも)り、孤独のうちに十年を過ごしたのち山を下りた主人公ツァラトゥストラは、最初に辿り着いた「斑牛(まだらうし)」という名の街で、綱渡りを見物に来ていた群衆に語りかけます。「私は君たちに超人を教えよう。人間とは、克服されるべき何ものかである。君たちは、人間を克服するために何をしたであろうか。……いいか、私は君たちに超人を教えよう。超人とは大地の意義である。君たちの意志が、超人こそ大地の意義であれと言わんことを……」。

ニヒリズムが極限に達すると、かつて生存に意味を与えていたすべての価値はその力を失います。このとき、病んだ本能の持ち主、すなわち弱者は、希望や慰めや励ましを与えてくれるようなものを見失い、生き抜く意欲を喪失してしまいます。このような状況の中で生きることができるためには、生存に敵対的に作用するあらゆる種類の認識を真なるものとして承認するという、認識の危険な実験を試み、しかも、生存への意欲を失わないだけの強さと健康が必要だからです。すなわち、極限に達したニヒリズムは超人にしか生き抜くことができないことになります。永劫回帰を悦ばしいものとして受け入れることができる超人とは、いかなるニヒリズムにも耐えることができる人間を意味しているのです。価値が合理的な基礎を持たぬことが明らかになるプロセスが必然的で不可逆的である以上、キリスト教や民主主義のような、これに逆らう反動的な試みは失敗することを避けられません。そして、超人は、あらゆる反動的な価値が淘汰されたのちにも生存への意欲を失わない以上、超人にとって悦ばしいものが地上を支配する価値の尺度となります。すなわち超人こそ「大地の意義」とならざるをえないのです。

人間は克服されるべきものであるとニーチェは言います。超人の生存こそ人間の生存の理念であるからです。人間が人間である所以(ゆえん)は、現状を繰り返し乗り越え、自らの健康と強さの限界に挑戦する傾向に存することになります。超人の反対概念である「末人」は、一切の努力を忌避し、「すべてを卑小にしてしまう」がゆえに「もっとも軽蔑すべき人間」「サル以上にサル」と見做されねばなりません。

超人は、進化論的な意味での転成によってヒトから生じる新しい種ではありません。超人は、神に代わる信仰や崇拝の対象でもありません。こうした解釈は、ニーチェ自身によって否定されています。超人という生物や半神が人間とは別に存在するわけではないのです。むしろ、自己自身を「超え」出て自らの生存を敢えて試煉にかける健康と強さのうちに、ニーチェは、人間の生存の本来の姿を認めたのであり、超人とは、形式的に措定された理想的な人間として理解されるべきものであるに違いありません。

11　永劫回帰

すべての事象が全体として同一の順序に従って繰り返し生起すること。正確には、「等しきものの永劫回帰」と言います。これは仮説であって、事実を指し示す表現ではありません。したがって、永劫回帰が本当に生じることを観察し確認できるのかといったことは問題にもなりません。また、輪廻や時間体験などの非日常的な出来事とも関係ありません。永劫回帰は、あらゆることがすでに無限回にわたって繰り返し生起しているから、私たちがこれから試みるすべてのことの結果が予め決定されていること、したがって努力や希望や責任がすべて無駄であり、生存が無意味で苦痛に満ちたものであることの可能性を暗示する、認識の実験のために産出されたペシミスティックな仮説ないし妄想に過ぎません。

生存が無意味であり苦痛に満ちたものであることを承認するばかりではなく、生存が一層無意味で、一層多くの苦痛に満たされることを求め、自ら進んでペシミスティックな妄想を産出し、自らの生存を試煉にかける意欲、これこそ健康と強さの証でした。それゆえ、もっともペシミスティックな認識が真なるものであることを承認し願う者は、権利上もっとも健康でもっとも強い人間——すなわち「超人」——であるはずです。永劫回帰は、「人間を篩(ふるい)にかけ、弱者にも強者にも決断を迫る一つの見解」(一八八四年初めのノート)、

ツァラトゥストラの岩

もっとも健康でもっとも強い人間としての超人を選び出すための「試金石」として機能すべきもっともペシミスティックな仮説に他なりません。「試みの時代。私は大いなる試煉を課する。つまり、誰が永劫回帰の思想に耐えるのかを試す。――『いかなる救済も存在しない』という命題によって根絶されてしまうような者を死なせてしまおうではないか……」（一八八四年初めのノート）。

ニーチェが永劫回帰の仮説を手に入れたのは、一八八一年夏のことです。一八八一年七月、シルス・マリアを偶然発見し、夏のあいだここに滞在していたニーチェは、自分宛の郵便物を局留めにして受け取ることにしていました。「手紙は予告なしの訪問であり」とニーチェは語ります。「郵便配達人は失礼な不意打ちの仲介者である。手紙を受け取るためには毎週一時間が充てられるべきであり、そのあとで入浴すべきである」（『漂泊者とその影』）。そのため、村の東側に広がる湖を挟んで反対側にある隣村の郵便局まで数日おきに散歩を兼ねて出かけるのが習慣になっていました。八月上旬のある日、いつものように郵便物を受け取るため、湖畔の道を隣村に向って歩いていたとき、ニーチェの心に、すべてが永遠に回帰するとしたら……というアイディアが浮かびます。シルス・マリアでニーチェが使っていたノートのある頁には、「等しきものの回帰」という標題を持つ断章が記されており、最後には「一八八一年八月上旬、海抜六千フィート、人間と時代からはさらに高く隔ったシルス・マリアにて」と記されています。ニーチェが永劫回帰を思いついて立ち止まった場所には、湖に突き出した小さなピラミッド型の岩があり、「ツァラトゥストラの岩」と呼ばれています。永劫回帰は、翌年公刊された『悦ばしき知識』の三四一番の断章（「最大の重し」）においてペシミスティックな問（「お前はこのことをもう一度、否、際限なく繰り返し欲するか」）として予告されたのち、主著『ツァラトゥストラはこう語った』（一八八三～一八八五年）、特にその第三部の「幻影と謎」や「恢復しつつある者」などの章において、明確な表現を与えられます。「……万物は行き、万物は帰って来る。存在の輪は永遠に回る。万物は死に、万物は再び花咲く。存在の年は永遠に巡り駆ける……」。

12 権力への意志

ニーチェによれば、いかなる価値も合理的な基礎を持たず、したがって真なるものではありません。あらゆる価値判断は、各人の本能の健康状態を反映する妄想という意味しか持たなくなります。とはいえ、こうした判断は単なる妄想なのではなく、判断する主体の生存を導く価値を表すものとしても機能しなければなりません。そして、そのような価値とは、病人にとっては、生存を有意味にし、希望や慰めを与えるもの、健康な人間にとっては、生存への意欲を損い生存から意味を奪うようなものであることになります。そして、何らかの価値を真なるものと認めることによって自らの生存を意のままにしうるとき、それは、ニーチェによって「権力」と名づけられます。強者にとっては、自らの生存を困難なものにする価値が権力を大きくする価値であり、弱者にとっては反対に、自己の弱さを正当化する価値を真なるものと認めることによって権力が増大します。権力とは自己を支配する力を意味していることになります。そして、自らが得たいと願っていた権力が手に入り、自らの生存が意のままになったときに得られる充足感が「権力感情」であり、強者の場合には認識の実験によって、弱者の場合には強者への憎悪とルサンチマンによる価値転換によって、それぞれ権力感情を手に入れることができます。また、権力を手に入れるために妄想を産み出そうとする意欲に対し、ニーチェは「権力への意志」の名を与えます。権力への意志が妄想の産出への意欲である以上、芸術、社会制度、宗教、科学など、人間の活動の成果はすべて権力への意志の所産として理解できることになります。ニーチェが一八八五年秋以降執筆のためのメモを断続的に作っていた啓蒙的著作（いわゆる『権力への意志』）は、すべての事象を権力への意志の反映として説明する試みになることが予定されていました。

ニーチェは、権力への意志という言葉を、強者にも弱者にもひとしく具わる意欲、強者の強さと弱者の弱さをいずれも価値の中に具体的に反映させる意欲として理解します。すなわち、権力への意志という概念は、肯定的にも否定的にも評価されることになります。権力への意志は、本来二つの文脈に属する内容を同時に表現するために作られた言葉です。したがって、この言葉を手がかりにしてニーチェの思想を理解する試みは、ニーチェの立場をわかりにくいものにしてきました。権力への意志というこの有名な言葉が、ニーチェによって、自らの思想を普及させるためにかなり不自然に作られ使用されたものだからです。

ただし、「権力」という概念の方は、ニーチェの思想を理解する上で積極的に強調されねばなりません。一八八〇年にニーチェのノートに初めて姿を現し、健康と病気をめぐるニーチェの洞察を表現する第三期の思想の中で鍵概念の位置を占めるこの概念を出発点として、ニーチェは、永劫回帰、超人、遠近法、位階秩序、ニヒリズムへと、その思想を拡げて行ったのでした。本来、権力とは、健康な人間が自らの生存全体を危険に曝す認識の実験の涯(はて)に到達するはずのもの、自らに対して証明しなければならないものを指しているのです。

13　遠近法／位階秩序

人間は何らかの価値を予め真なるものとして承認することなしには一瞬たりとも生きることができないとニーチェは言います。すでに『悲劇の誕生』（一八七二年）において「悲劇的認識」のうちに含まれていたこの洞察を、最晩年のニーチェは「遠近法主義」と名づけます。その都度予め何らかの価値が真なるものと認められることによってのみ生存が可能になるのなら、認識もまた生存の一つの側面である以上、認識を何らかの評価の観点すなわち「遠近法」と切り離すことはできません。しかも、各人に具わる遠近法は互いに異なります。価値の合理的な基礎づけが不可能であり、すべての価値判断が妄想に過ぎないからです。妄想としての価値判断を、ニーチェは「遠近法的価値評価」「遠近法的仮象」と呼びます。

認識が遠近法と不可分であるのなら、遠近法とは独立に確認される単なる事実、単なる

ニーチェ（1880年代、撮影時期は不詳）

真理なるものはありえません。事実に何らかの解釈が施されるのではなく、何らかの事実が私たちの視野に入るとき、すでにそれは解釈されたものなのです。「実証主義が現象のもとに留まって『事実のみが存在する』と主張するなら、私は、これに反対して次のように言うであろう。『否、事実なるものは存在しない。ただ解釈のみが存在するのだ。』私たちはいかなる事実もそれ自体として捉えることはできない。ことによると、そうしたことを望むことすら、ナンセンスであるかも知れない。……そもそも『認識』という言葉が意味を持つかぎりで、世界は認識されうる。しかし、世界は別の仕方でも解釈することができるのであって、自分の背後に一つの意味を持っているわけではなく、無数の意味を持っているのだ。『遠近法主義』」(一八八六年末から一八八七年初めのノート)。

とはいえ、各人の認識と不可分でつねにこれに先行する遠近法が多様であるという主張は、万人の遠近法が等価であることを認めるものではなく、多元主義や相対主義への同意の表現でもありません。各人の遠近法が各人の個性の反映であるがゆえに多様であるなら、各人の遠近法のあいだの差異は、生存と世界に対して各人が望むものの差異であり、本能の健康状態の差異なのです。すべての遠近法は、それが属する者の本能の健康状態、つまり強さを尺度とした序列の中に位置を与えられるべきなのです。ニーチェはこの序列を「位階秩序」と呼びます。この言葉は、第四期に初めて姿を現します。そして、第四期の出発点で記された七つの序文の中では、位階秩序が「根本問題」であると語られています。

位階秩序が根本問題であるのは、これが、ニーチェの思想の最終的な帰結であり、その他の問題はすべて、位階秩序の問題の一部をなす小問題として理解されるべきであるからなのかも知れません。

位階秩序の頂点には、もっとも健康な人間である「超人」が位置を占め、底辺には、もっとも弱い者、最晩年のニーチェが「チャンダラ」と名づける不可触賤民が置かれます。キリスト教、プラトニズム、ロマン主義……、チャンダラには、こうした救い、慰め、希望が必要になります。

これら両端のあいだのどこかにすべての人間が位置を占めています。そして、位階秩序の中での自らの位置を知ることこそ、自分が何者であり何をなしうるかを示しているのです。ニーチェは、他人に対して「同情」を示すことを侮辱と理解します。それは、同情が、相手の本能がそれほど十分に強くはないこと、もはや強さを怖れる必要のない無知な鈍感な存在であるということを前提とするものだからです。

14　神は死んだ

ニーチェに帰せられている表現の中でもっとも有名なものの一つ。ただし、ニーチェの思想の枠組の内部では、必ずしも重要な位置を占めているわけではありません。

「神は死んだ」とは、キリスト教の神がキリスト教徒たち自身によって殺害されてしまったということを意味します。神の死への言及は、ニーチェ以前の哲学者の文章にも見出されます。しかし、意味はまったく異なっています。例えばヘーゲルの場合、神の死とは、十字架上でのキリストの死と、これに伴う新たな救済の始まりを意味するものでした。これに対し、ニーチェは、信仰の喪失を神の死と表現します。ニーチェによれば、キリスト教、特にプロテスタンティズム以外の宗教は、精神史の中で、高貴な者、健康な者、強者の強さを鍛錬し育成する手段として機能してきました。ところが、キリスト教は、奴隷や賤民に希望や慰めを与えるものであり、甘やかされた弱者は、奴隷道徳を産み、他の道徳に対し勝利を収めることになりました。さらに、奴隷道徳のおかげで、それまで人間の価値と考えられてきた徳（卓越性）一般に対する憎悪が社会全体に浸透します。そして、ヨーロッパでは、人間の画一化と矮小化が進行します。この画一化と矮小化が産み出したのが、超人の反対物である「末人」です。そして、ニーチェによれば、キリスト教は、末人を産み出した結果、末人によって滅ぼされることになります。というのも、末人は、キリスト教の神が持つ卓越性や神的な性質を感知すると、これに憎悪を向け、神を信じることをやめてしまうからです。このようにしてキリスト教が実践面での拘束力を失うこと、これがニーチェにおける神の死です。ニーチェよりも約三十年前には、すでにデンマークの思想家キルケゴール（一八一三〜一八五五年）が、同じ事態をキリスト教会の非キリスト教化として批判しています。ニーチェが神の死という言葉で表現したものは、ニーチェだけの問題ではなかったことになります。

ニーチェが標的にしているのは、イエスやその教えではなく、キリスト教が産み出した、しかしもはやキリスト教徒ですらない末人です。彼らは、現代における奴隷道徳の担い手であり、したがって、地上を支配する価値を体現する存在です。末人は、大抵の場合は、いまだキリスト教徒を自称し、神がまさしく彼ら自身によって殺害されたことには気づいていません。しかし、キリストを信仰し、その教えに服従することにはもはや耐えられません。神の死とは、弱者の生存を助ける役割を果たし、そのかぎりでヨーロッパ文化に巨大な害悪をもたらしたキリスト教すら真面目に受け取ることができない窮極の賤民の出現と一体をなしていることになります。その点においては、神の死は、ニーチェにとって悲しむべきことであったと考えねばなりません。

とはいえ、神の死とともにキリスト教道徳が拘束力を失うとき、健康な人間のもとに解放が訪れるのもまた確かです。健康な人間が生存を危険に曝す認識の実験を遂行し、自らの強さの限界に挑戦することが可能になるためには、まず古い道徳がその生存を導く力を失うことが必要だからです。

15　ディオニュソス的なもの

ディオニュソス的であるとは、生存や世界が苦痛に満ちており無意味であることを認め、しかもその認識から逃避しようとしないことを意味します。ニーチェは、『悲劇の誕生』の中で、悲劇がギリシアにのみ生れた理由を説明するにあたり、「ディオニュソス的ギリシア人」と「ディオニュソス的野蛮人」とを区別します。ディオニュソス的野蛮人は、生存と世界の悲惨を理解すると嫌悪感を覚え、これを解消するため、酒や麻薬の助けを借りて分別を麻痺させ、社会の秩序や行為の規範を転覆させます。ディオニュソス的傾向を自ら体現するかのような錯覚を与えるこの淫楽と暴力を伴う「狂宴」（オルギア）は、たしかに、一時的には気分を昂揚させます。こうした狂宴と酒の神であるディオニュソス（バッカス）は、「陶酔」という生理的現象を仲立ちにして結びつけられているのです。しかし、陶酔から覚めた野蛮人は、その反動として無気力や悲哀に襲われ、生存に対する嫌悪を増幅させてしまいます。ディオニュソス的認識は、野蛮人の生存への意欲を損うように作用します。

ところが、ギリシア人は、ディオニュソス的な認識を芸術に昇華させ、野蛮人とは異なる道を歩むことになったとニーチェは言います。もちろん、ディオニュソス的認識は、ギリシア人にとっても脅威でした。しかし、ギリシア人は、酒や麻薬に逃避する必要を感じませんでした。なぜなら、ギリシア人には、野蛮人にはない健康が具わっていたからです。ニーチェは、これを、ギリシア人に固有の「アポロン的」な傾向として記述します。アポロン的な傾向とは、いかなる苦痛や悲惨を前にしても、これを生存への意欲を刺戟するような仮象として受け取るような態度を意味します。ギリシア人のこの態度は、これが生理的現象としての夢に似ていることから、夢と予言の神であるアポロンに託されています。アポロン的なものは、ギリシア人の本能の健康の名なのです。これのおかげで、ディオニュソス的野蛮人の狂宴が東方から伝えられたとき、ギリシア人は、ディオニュソス的認識を知性に対する負荷として受け取ることができました。そして、このときにギリシア人が獲得したのが、十八世紀後半以降「ギリシア的快活」と呼ばれてきたものであるとニーチェは考えます。もちろん、ギリシア人が快活であるのは、生存の暗い側面から目を逸らしているからではありません。生存が苦悩や不条理に満ちているにも拘わらず、否、それゆえにこそ生存には価値があると判断するギリシア人の健康こそ、ギリシア的快活の原因に他なりません。

ディオニュソス的なものを承認しつつ力強く生きることは、認識の実験を意味します。そして、この実験のための装置がギリシア悲劇でした。ディオニュソスの祭において神を讃えるために歌われたディテュランボスに起源を持つギリシア悲劇は、生存と世界を悲惨なものとして描くことにより、観客に対し、健康を確認する機会を与えていたのでした。悲惨な内容を持つドラマによって意気沮喪することなく、音楽によって陶酔に引き込まれることもなく、却って、ドラマが伝達するディオニュソス的認識を一層明瞭に聴きとるための手段として音楽を利用しつつ、ギリシア人の観客は、知性に対する負荷を悦ばしいものとして受け取っていたのでした。

16 ペシミズム

ニーチェは、健康な人間ないし強者の健康に由来する生存や世界に対する態度を、「古典的ペシミズム」「強さのペシミズム」「ディオニュソス的ペシミズム」などと呼びます。そして、ペシミズムという名詞に加えられた修飾語は、弱者のもとで認められる、これとは異質なペシミズムとの差異を示しています。健康な人間にとり、ペシミズムとは、世界が無意味であり生存が苦痛に満ちたものであることへの欲求でした。したがって、悲劇的認識にもとづき、自らの生存を危険に曝す認識の実験への意欲でした。「悲劇的な状態に身を置き、ペシミズムを引き受けようとする意志というものが存在する。この意志は、知性（趣味、感情、良心）の厳格さの徴（しるし）でもあり、強さの徴でもある。この意志を胸に抱いていれば、あらゆる生存に恐ろしい要素やいかがわしい要素が含まれていても、これを怖れることはない。そうしたものは、自分で拾い集めるものとなる。そのような意志の背後には、勇気、自負、大きな敵を求める気持が潜んでいる。——こうしたことは、初めから、私のペシミズムの遠近法であった……」（『人間的な、あまりに人間的な 第二巻』）。

これに対し、ニーチェによれば、弱者すなわち病者には、「ロマン主義的ペシミズム」「下降としてのペシミズム」などの名を与えられるペシミズムが認められます。このペシミズムは、この世界が現に考えうるかぎり最悪の世界であることを主張する立場です。「ペシミズム」という言葉の本来の用法に忠実なのは、こちらの方のペシミズムであり、ショーペンハウアーの立場を指すために「ペシミズム」という言葉が用いられるときにも、この意味で用いられています。

健康な人間にとり、世界が無意味であり生存が苦痛に満ちたものであるという事態は、悦ばしい仮説、欲求の対象であり、真理ではありません。これに対し、弱者すなわち病者は、同じ事態が合理的に証明された中立的な真理であることを要求します。健康な人間の「強さのペシミズム」がいわば要請としてのペシミズムであるのに対し、弱者にとり、ペシミズムは世界観であったことになります。

ニーチェが二つの異質な内容を「ペシミズム」という共通の名で呼んだということは、真なる価値に対する態度が、ニーチェをニーチェ以前の哲学から区別する便利な標識であったことを物語っています。

ニーチェは、ニーチェ以前の哲学全体に共通する隠れた目標を、それぞれの哲学者が真理と考える価値の基礎づけないし正当化のうちに見出します。「一体いかにして一人の哲学者の非常に突飛な形而上学的見解が実現したのかを説明するためには、実際、つねにまず次のように自らに尋ねるべきである（そして、そのようにするのが賢明でもある）。すなわち、それ（彼）がいかなる道徳を目指しているのかと」（『善悪の彼岸』）。しかし、世界の価値の問題は擬似問題に他ならず、この問題に答えようとすること自体、本能の健康状態を示す一つの指標でした。「最善の世界か最悪の世界か、ということとは全然問題ではない。否か然りか、ここでの問題はそれだ」（一八八八年五月から六月のノート）。ニーチェはこのように語っています。

ニーチェ百景

ニーチェ（1865年、前から２列目、左から３番目）

1　ただ一度だけ

ヤスパース（一八八三〜一九六九年）は、『理性と実存』（一九三五年）の冒頭で、「二十世紀の哲学」は、「生きているあいだはまったく顧られず、その後もながいあいだ哲学史の中で重視されなかった」二人の思想家、キルケゴールとニーチェが「その意義を絶えず増大させてきたという事実」によって「規定される」と語っています。実存主義者たちは、この二人がニヒリズムの克服という課題を共有していると考え、二人をまとめて理解することを好みます。たしかに、この二人はいずれも、自らの思想を同時代の読者に受け入れさせることに失敗し、後世に望みをつながざるをえませんでした。しかし、その事情は必ずしも同じではありませんでした。

ニーチェは、決して与しやすい著者ではありません。しかしながら、同時代の読者は、ニーチェを敵意をもって無視していたわけではなく、ただニーチェの名を知らなかったに過ぎません。ニーチェが、自分の思想を宣伝する努力を怠っていたためです。それでも、ニーチェのほぼすべての著作は、それぞれ出版直後に何らかの仕方で書評の対象となっています。また、当時の代表的な哲学史であるユーバーヴェーク（一八二六〜一八七一年）の『哲学史綱要』には、一八八〇年代、すでにニーチェに関する項目が加えられています。この改訂を担当したのが、ニーチェがプフォルタ学院在学中に指導を受けた教師の一人マックス・ハインツェ（一八三五〜一九〇九年）であったことを考慮するとしても、ニーチェは、自分が考えていたほど無名であったわけではありませんでした。そもそも、当時のドイツ語圏では、深刻な不況にも拘わらず、書籍の出版点数は増加を続け、一八八〇年代半ばには、その五十年前の約十倍、一年間に二万点以上の多種多様な新刊書が市場に送り出されていました。世界史的な使命を託され、未来の全人類を読者として想定しながら、そうした想定とは滑稽なほど不釣合な少しの部数で、出版市場の荒波を乗り切るための筏も浮き輪もなく市場に放り出されたニーチェの著作は、出版と同時に本の海の中に沈んで行ったのでした。

これに対し、セーレン・キルケゴールは、生涯を過ごしたコペンハーゲンでは、誰一人知らぬ者のない奇人として絶えず好奇の目で見られていました。一八一三年に金持ちの商人の末っ子に生れたキルケゴールは、父から莫大な遺産を受け継ぎ、生活のために働く必要から解放されていました。そこで、キルケゴールは、遺産を使い、一八三四年の『あれかこれか』以降、幾つものペンネームを使い分けながらおびただしい著作を執筆し、自費で公刊します。キルケゴールによれば、神の前に立つ「単独者」の実存のうちにのみ、キリスト教的な価値が見出されることになります。そして、この観点から、当時のデンマークの教会は、非キリスト教的な組織として批判の対象となりました。とはいえ、コペンハーゲンという小さな都市では、キルケゴールは、名家の娘との婚約をハッキリしない理由で一方的に破棄した非常識で不可解な人間、外出の際には、天気に関係なく雨傘を小脇に抱えている、左右の足の長さの違う変人でしかありませんでした。その著作の方は、熱心な自己宣伝にも拘わらず、内容の点でも表現の点でも、平均的な読者の理解や関心から遠く隔っていました。一八五五年、四十二歳のキルケゴールは、コペンハーゲンの街頭で昏倒し、間もなく世を去ります。当時自費で刊行を続けていた教会批判のための個人雑誌の入稿のため印刷所に向かう途中の出来事でした。

キルケゴールの著作活動は、デンマークのごく狭い知的世界だけを対象にしたものでした。そして、教会からうるさがられていたキルケゴールは、その死とともに見事に忘れ去られてしまいます。十九世紀後半のいかなる哲学史にもその名が現れることはありません。キルケゴールが哲学史上の人物になるためには、二十世紀初め、シュレンプフ（一八六〇〜一九四四年）によるドイツ語訳を介したドイツ語圏での再評価を待たねばなりませんでした。

ところが、キルケゴールが完全に忘れられ、思い出す手がかりすら失われていたはずの一八八〇年代末、思いもよらない人物の手になる文章にキルケゴールの名がただ一度だけ唐突に姿を現します。キルケゴールの名を記したのは、ヤスパースが言及した二人の哲学者のうちのもう一人、ニーチェでありました。発狂の一年前、一八八八年二月の日附を持つ、ユダヤ系デンマーク人の批評家ゲオルク・ブランデス（一八四二～一九二六年）宛の書簡には次のように記されています。「私はこの次ドイツに旅行するときに、キルケゴールという心理学的問題に取り組もうと決めました……」。ブランデスは、一八八七年にニーチェから『道徳の系譜学』を贈られて、それ以降、ニーチェと書簡の交換を続けていました。一八八八年四月、ブランデスは、コペンハーゲン大学で「ドイツの哲学者フリードリヒ・ニーチェについて」という表題の連続講演を行い、ニーチェを「貴族主義的ラディカリズム」の哲学者として好意的に紹介し、多くの聴衆を集めます。講演の成功がよほど嬉しかったのか、ニーチェは、講演後わずか四ヶ月のあいだに、さまざまな人に宛てた書簡の中で十九回もこれについて報告しています。ニーチェにキルケゴールの名を教えたのは、そのブランデスでした。講演に先立つ一月に、ニーチェ宛の書簡の中でキルケゴールについて「存在するかぎりでもっとも深い心理学者」であると語っています。ニーチェは、ブランデスへの返事の中でキルケゴールに言及しているわけです。実存主義者ヤスパースは、ニーチェとキルケゴールとのこのただ一つの接点のうちに、かけがえのない精神的「血縁」の出会いを認め、感激した調子でこれを記しています。キルケゴールに取り組むという計画が発狂によって妨げられ、永久に実現することがなかったことをヤスパースは大層残念がってもいます。

しかし、ニーチェにとり、キルケゴールは「心理学的問題」でした。ニーチェの用語法によれば、これは、キルケゴールが本能の病気の症例としてニーチェの興味を引いたこと、そこに見出されるのが、精神的「血縁」という運命の劇的な交叉などではなく、診断を下す者と病人とのあいだの散文的な関係に過ぎないことを示しています。キルケゴールほど重い意味をキリスト教信仰に与えた人物であるなら、ことによると、ニーチェはこれをパスカルと同じ理由で「愛する」ことになったかも知れません。「私はパスカルを読むのではなく、これを愛する。パスカルはキリスト教信仰のもっとも教訓に富む犠牲であり、まず肉体的に、次いで心理的に、ゆっくりと殺されて行ったのだが、この身の毛もよだつような形式の非人間的な残虐の論理学全体を私は愛する」(『この人を見よ』)。

2　パラグアイからの手紙

ところで、一八八八年四月にブランデスが行った講演の成功は妹エリーザベトにも伝えられます。しかし、これは不幸なことでした。ニーチェは、エリーザベトから、ニーチェを嘲笑する手紙を受け取ることになります。この手紙は、ニーチェ自身の要約によれば、次のような内容を持っていました。「……兄さんはまたしても〈有名〉になりたがっている。それはたしかに楽しいことではあるでしょう。でも、兄さんはなんというゴロツキを探し出してきたのでしょう。ゲオルク・ブランデスのような、どんな鍋にもありつこうとするユダヤ人を。……」(一八八八年クリスマス、フランツ・オーヴァーベック宛)。実際にエリーザベトが認めた書簡はこれほどトゲトゲしたものではありませんでした。しかし、エリーザベトには、哲学者としてのニーチェの価値など理解できないことは確かでした。兄の思想を紹介したのがユダヤ人のブランデスであるというのは、彼女には腹立たしいことでした。ブランデスがルー・ザロメと親しいという事実も、エリーザベトの気に障ったに違いありません。

ブランデスの講演の成功をエリーザベトが知ったのは、一八八八年夏のことです。彼女は、南アメリカのパラグアイにいました。エリーザベトとその夫ベルンハルト・フェルスターは、純粋なアーリア人のための入植地を建設すべくパラグアイに渡っていたのです。入植地は「新ゲルマニア」と名づけられていました。

エリーザベト・ニーチェは、正真正銘の反ユダヤ主義者です。四十歳を目前にした彼女が夫に選んだフェルスターも、過激な反ユダヤ主義的言動のために職を逐われた元ギムナジウム教師でした。二人が結婚したのも、反ユダヤ主義という点で意気投合したからです。フェルスターは、ユダヤ人によって汚染されたドイツから遠く離れた南アメリカにアーリア人の入植地を建設する計画——これはヴァーグナーの文章に由来します——に夢中になり、一八八三年から八四年にかけて、南アメリカ各地を旅行し、パラグアイ中部の森林地帯の一劃を建設地に選びます。調査結果をまとめたパンフレット『ラプラタ川上流地域におけるドイツの植民地 附 パラグアイについての特別報告』を読み、入植者の募集に応じて集まった貧農十四家族とともに、フェルスターと、その妻となったエリーザベトは、周囲の誰もが反対する中、一八八六年一月、ハンブルクからパラグアイに向けて意気揚々と旅立ったのでした。

ベルンハルト・フェルスター

妹とは反対に、ニーチェ自身は、反ユダヤ主義を軽蔑し、嫌っていました。ユダヤ人に対する態度を改めるよう、ニーチェは妹に繰り返し忠告しています。ニーチェによれば、ユダヤ人に対する憎悪とは、ユダヤ人を「消化」することのできないドイツ文化の後進性の反映であり、ユダヤ人の富に対する貧しい者の擬装された妬みに過ぎないからです。

フェルスターの性格も、その反ユダヤ主義も、ニーチェには嫌悪の対象でした。妹がフェルスターと結婚することにニーチェは強く反対します。あのような男と義理の兄弟になることなど御免だとも語っていました。フェルスターが新ゲルマニアの建設への協力、特

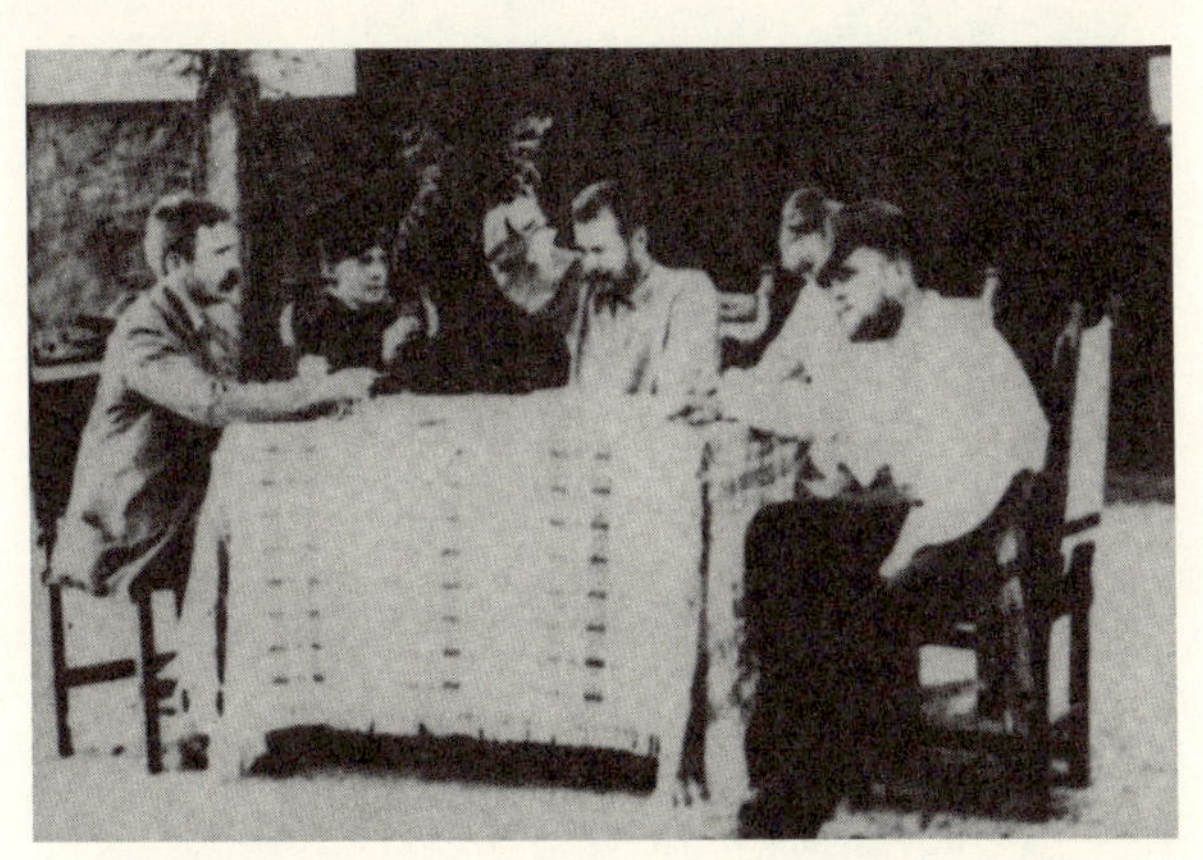

新ゲルマニアにおけるエリーザベト（左から２人目）

に金銭面での協力をニーチェに求めたとき、ニーチェは即座に断っています。しかし、これが原因となって、兄妹の関係は修復不可能なほど険悪なものになります。エリーザベトからの手紙で嘲笑されたとニーチェが感じた原因はこの辺りにもあるのでしょう。

パラグアイからの手紙に憤慨したニーチェは、返事を書きます。「……僕はお前の手紙を受け取った。そして、それを何回も読み返したあとで、僕は、お前に別れを告げることが本当に必要なのだとわかった。僕の運命が決まった今となっては、僕にはお前の一語一語が十倍も鋭く突きささるように感じられる。お前は、自分が一人の人間——その彼においては数千年来の問題がまさに解決されようとしている——のもっとも近い肉親であるということが少しもわかっていないではないか」

（一八八八年十一月半ば、エリーザベト宛）。さらに、すでに印刷が始まっていた自伝『この人を見よ』に、妹と母を中傷する文章がいくつか加えられます。「……私が私自身にもっとも深く対立しているもの、手に負えないほど下品な本能を探すとき、私はつねに私の母と妹を見出す。――私がそのような卑賤の者たちの親族であることを信じる者がいるとすれば、それは私の神性に対する冒瀆になるであろう。私が母と妹の側から受けている取り扱いは、この瞬間にいたるまで私に言い表しようのない恐怖を植えつけるものとなっている。……『永劫回帰』……に対するもっとも深い反論は、つねに私の母と妹である……」（『この人を見よ』）。もちろん、ニーチェからの手紙が届けられた時点では、エリーザベトには、いまだほとんど名を知られてもいないのに誇大妄想的に思える兄の言葉になぜ耳を傾けなければならないのかわかるはずはありませんでした。むしろ、彼女には、新ゲルマニアの方が光り輝いて見えていたのです。

ところが、新ゲルマニアは、その後間もなく深刻な危機に直面します。当初、フェルスターは、百十家族の入植を予想していました。しかし、実際には、フェルスター夫妻と同行した十四家族のあと、第二次、第三次の入植者が続かず、すでに入植していた者たちも、ドイツとはあまりに異なる気象条件に適応することができず、次々と入植地を去って行きます。農民たちが特に不満だったのは、自分たちが高温多湿な風土の中で苛酷な生活を強いられているのに、フェルスター夫妻だけは大きな邸宅を建て、贅沢な暮しをしているこ

ニーチェ・アルヒーフを訪問したヒトラーを出迎える88歳のエリーザベト（1934年）

とでした。百十家族が支払う予定の土地の代金をあてにして、代金後払いでパラグアイ政府から用地を取得していたフェルスターは窮地に陥ります。一八九〇年、追い詰められて精神に異常を来たしたフェルスターは、ついにアスンシオンのホテルの一室で自殺してしまいます。

エリーザベトは、フェルスターの死をうけ、一八九〇年冬、ドイツに戻ります。入植地の建設を続けるのに必要な資金の援助と入植の促進を要請するためでした。しかし、帰国したエリーザベトを待っていたのは、恢復の見込みのない精神錯乱に陥った兄と、これを看護する母フランツィスカでした。そして、彼女は、兄の著作が少しずつ読者を獲得し始めていること、徐々に増え始めていた兄の信奉者たちが、ニーチェが手紙の中で暗示していたその世界史的意義のようなものを本当に信じていることに気づきます。エリーザベトは、完全に行き詰まっていた入植地を見捨てる大義名分をここに見出したのです。兄の世話と兄の思想の普及は、十分商売になる、エリーザベトはこうも考え、新しい計画を実行に移したのでした。

なお、エリーザベトに見捨てられ、壊滅状態に陥った新ゲルマニアは、その後、マテ茶の栽培に成功することで奇蹟的に立ち直り、ごく少数のドイツ人家族によって現在にいたるまで細々と維持されています。二つの世界大戦や数多くの内戦を乗り切った新ゲルマニアは、反ユダヤ主義のコロニーとして出発し、ヒトラーが首相に就任してからは、本国からの援助をたびたび受けていたため、ナチズムには好意的でした。第二次世界大戦後、ヨーロッパを離れ南アメリカに渡ったナチの幹部の何人かが追跡を逃れて一時新ゲルマニアに潜伏していたとも伝えられています。

3 ニーチェの苦手科目

『この人を見よ』の中で、ニーチェは次のように記しています。「……私がよく訊かれるのは、いったい何のために私がドイツ語でものを書くのかということである。つまり、祖国以上に私がひどい読まれ方をしているところは他にはないということなのだろう……」。

プフォルタ学院在学中のニーチェは、「天才」の印象を裏切るような勉強家で、成績も優秀でした。プフォルタ学院が、その人文主義教育との関係でもっとも重視し、習得のためにもっとも多くの時間と体力を費すよう生徒たちに要求していたのは、ギリシア語とラテン語です。そして、これら二つの科目こそ、ニーチェのもっとも得意とする科目でもありました。古典語の豊かな能力が古典文献学者としてのニーチェの知的活動を支えていたことはすでに述べた通りです。

ところで、古典語を使いこなす人は、他の外国語の習得にも苦労しないのが普通です。ギリシア語やラテン語は難解で、よほどの語学好きでなければ習得のための訓練に耐えられないからです。古典文献学の専門家が「語学の天才」ばかりであるのは当然なのです。ところが、プフォルタ学院でのニーチェの成績は、彼がこの規則の稀有な例外であったことを示しています。ニーチェは、ギリシア語とラテン語には驚くべき才能を発揮しながら、他の外国語の習得には、平均以下の能力しか示していないのです。古典語を重視するプフォルタ学院では、近代語としてはフランス語が必修でした。ラテン語の知識が豊富であるなら、フランス語の習得はそれほど困難ではないはずです。ところが、ニーチェのフランス語の成績は決して良好ではなく、辛うじて合格点に届く程度でした。ニーチェは、フランス文化を高く評価し、近代的教養の中で教養の名に値するのはフランス的教養だけであるとすら語っています。しかし肝心のフランス語を読みこなすために必要な力は持たなかったと言われています。ラ・ロシュフーコー（一六一三〜一六八〇年）、シャンフォール（一七四〇〜一七九四年）、ボードレール（一八二一〜一八六七年）、さらにベンサム（一七四八〜一八三二年）やドストエフスキー（一八二一〜一八八一年）をニーチェはフランス語で読み、知的刺戟を受けました。恐らく、フランス語で行を辿ることは、大変な苦労であったに違いありません。

プフォルタ学院在学中のニーチェは、英語、イタリア語、スペイン語、ヘブライ語などを学んでいることを妹宛の書簡の中で自慢しています。もちろん、これらの外国語のうち一つとして、ギリシア語、ラテン語についてニーチェが到達した水準に届いたものはありません。後年イタリアに長期間滞在していたにも拘わらず、ニーチェはイタリア語をほとんど解さなかったと言われています。古典語に向けた熱意を近代語に向けることを妨げる何らかの事情があったのかも知れません。「いったい何のためにドイツ語でものを書くのか」という問に対する答としては、さしあたり、「他の言語で書く語学力がないから」というのが正解のようです。しかし、ニーチェが「よきヨーロッパ人」を自称するのであるなら、やはり近代語の知識を欠くことはできません。妹の反ユダヤ主義やパラグアイへの入植計画に対するニーチェの反応が示しているように、ニーチェにとり、純粋な血統への執着など馬鹿げたものであり、国民国家への帰属意識も偽りのものに過ぎませんでした。

「……すでに自分の家柄のおかげで、私は単に局地的で国内的な制約を受けた遠近法の彼岸における眺望が与えられているのだ。『よきヨーロッパ人』であることなど、私にとっては何の造作もないことなのだ」（『この人を見よ』）。ニーチェはこのように豪語します。とはいえ、ニーチェによれば、「よきヨーロッパ人」であるためには、「ヨーロッパの非常に豊かな精神と義務の相続人」でなくてはならず、ヨーロッパ文化の伝統全体を担う知的能力が必要です。しかし、まさにこのような伝統を引き受けるための基礎的な語学力に問題があったことになります。

ただし、意外にも、この点に関するかぎり、ニーチェは、自分を基準にして語るというつもの悪癖を免れています。ニーチェの傍らには、フランツ・オーヴァーベックという友人がいたからです。ニーチェよりも一年遅く一八七〇年にバーゼル大学に赴任してきた七歳年長のこの教会史家は、ニーチェと同じ下宿に住み、二人のあいだには親しい関係が結ばれます。人見知りの激しいニーチェとしては珍らしく、同じ下宿にいた五年間、ほぼ毎晩オーヴァーベックと一緒に夕食をとっていたと言われています。そして、ニーチェにとり、オーヴァーベックこそ「よきヨーロッパ人」の典型でした。というのも、オーヴァーベックは、眩暈（めまい）がするほど複雑な文化

フランツ・オーヴァーベック

ニーチェとオーヴァーベックが暮していたバーゼルのシュッツェングラーベン45番地の下宿

的背景を持っているからです。すなわち、イギリス国籍を持ちロシアに住むプロテスタントのドイツ人の父と、ロシア生れのカトリックのフランス人の母のあいだにロシアのペテルブルクで生れ、パリの小学校とドレスデンのギムナジウムに通うことで、ドイツ語、フランス語、ギリシア語、ラテン語を身につけ、ロシアではロシア語を、両親との会話では英語を使って育ったオーヴァーベックは、「ヨーロッパ人」と表現する以外には何とも名づけようのない存在でした。

ところで、ニーチェがもっとも苦手としていたのは数学です。プフォルタ学院での最終試験で、ニーチェの得点は合格最低点を下まわります。数学の教師は、ニーチェを卒業させるべきではないと主張しました。しかし、プフォルタ学院が重視する二つの古典語について驚異的な成績を収めた生徒を、数学のために卒業させないとすれば、それはプフォルタ学院の恥になるという意見が教授会の大勢を占め、ニーチェは卒業できることになったのでした。

歴史、宗教、ドイツ語（国語）などの成績が非常に優秀であったのに対し、体育については、教師たちに不満を抱かせるような成績しか残していません。学生時代の一八六七年に兵役に就いていたとき、ニーチェは、落馬のため大怪我をしています。しかし、ニーチェは、騎乗しているときに、例えば疾走している馬から振り落とされたわけではなく、実は、静かに佇む馬に乗ろうとしてバランスを崩し、鞍に身体を打ちつけて馬の反対側に転落し肋骨を折ったのでした。ニーチェが得意であると考えられていた乗馬ですらこのありさまであったことから判断して、ニーチェの運動神経がどの程度のものであったかは容易に推測することができます。美術についても同様でした。所見では、ニーチェの近視との関係が指摘されています。

音楽に対する生き生きとした関心とは対照的に、ニーチェは造形芸術には鈍い反応しか示しません。自ら絵を描くことが滅多にないばかりではなく、各地を旅行したとき、それぞれの土地の絵画、彫刻、建築に興味を示すこともほとんどありませんでした。視覚に訴えるものに対する無関心は、ニーチェがながく滞在したイタリアでもまったく変化せず、フィレンツェ、ローマ、ヴェネチアなどの都市に滞在していたときにも、美術館や有名な建築物を訪れた形跡はありません。京都に旅行して神社仏閣を一切見物しないのと同じようなものです。これは、ニーチェが愛読し、やはりイタリアに長期滞在したゲーテ（一七四九～一八三二年）やスタンダール（一七八三～一八四二年）との大きな違いです。

それだけに、一八八九年一月、発狂したニーチェがバーゼルの精神病院で絵を描いたという事実は、描かれていたライオン記念碑がニーチェにとって持つ意味の大きさを推測させるのです。

4 ニーチェの肖像

ニーチェは、視覚に訴えるタイプの芸術に対する積極的な関心を欠いていました。ニーチェには、絵心のようなものもほとんどありません。強度の近視のため、手先を使う細かい作業が苦痛だったのでしょう。

ただし、写真だけは別でした。ニーチェは写真、特に自分自身を被写体にした写真には強い興味を示します。十九世紀後半は、それ以前の時代の肖像画に代わる「肖像写真」の全盛時代でした。経済的余裕のない階層の出身者も、写真館でカメラの前に立ち、自分の姿を記録することができるようになります。しかし、初期のダゲレオタイプやカロタイプ以来露光時間の短縮や感光剤の改良などの技術革新が進んでいたとはいえ、写真は、まだ誰もが気楽に被写体になれるほど安価になってはいませんでした。その中で、ニーチェが残した肖像写真の数は、際立って多いと言うことができます。現存する写真にかぎっても、少くとも大学に入学してから発狂するまで、当時としてはきわめて頻繁に自らの姿を記録しているからです。正面から、斜め前から、横から、坐って、立ったままで、頬杖をついて、眼鏡をかけて、うつむいて、腕組みをして、……ニーチェは二十年以上にわたり、飽くことなくカメラの前でさまざまなポーズを取ります。発狂したあとも、母フランツィスカとともにナウムブルクの写真館で写真を撮っています。これが、ニーチェが写真館に赴いて撮った最後の写真になりました。

ニーチェと母（1892年）

ブランショ（一九〇七～二〇〇三年）やある時期までのデリダ（一九三〇～二〇〇四年）など、自らの顔を公表しない作家がいます。彼らは、自分の顔を公表することが自分の思想や作品の理解にとって障碍になると考えます。ニーチェは、これとは反対に、自らの風貌を伝えることを有意義なことと見做していました。撮った写真は、知人や友人に名刺のように次々と配られています。

ニーチェの写真好きのおかげで顔の記録が残った人物もいます。一八八二年五月、ニーチェの提案によって、ニーチェ、ルー・ザロメ、パウル・レーの三人がルツェルンの写真館で撮った写真は、私たちがパウル・レーがどのような容貌の持ち主であるのかを知るための手がかりとして残されている二枚の写真のうち最後の一枚です。というのは、写真嫌いのレーには、実はさらにもう一枚だけ写真が残されているのですが、しかし、そこでは、レーの後ろ姿しか写っていないからです。

ニーチェがそれほどまでに記録に残すことに執着した風貌とはいったい他人にどのような印象を与えるものだったのでしょう。それは、現代の私たちが写真から得る東洋豪傑風の印象とはかなり異なっています。そして、ことによると実際のニーチェが与える印象を打ち消すことが、ニーチェが写真撮影に熱心だった理由なのかも知れません。一八七六年秋にバーゼル州政府が発行したニーチェのパスポートによれば、ニーチェの身長は五ピエ七プース九リーニュ、すなわち、ほぼ一メートル七四センチ、一八八九年一月、発狂直後にバーゼルのフリードマット療養所に収容されたとき、体重は七五キロでした。現在のドイツ人の平均から見ると背の高い方ではありません。しかし、十九世紀後半の平均的なドイツ人の身長は一メートル六〇センチ程度でした。ニーチェは当時としては大柄な方であったことになります。十九世紀までのヨーロッパでは、身長と社会階層とのあいだには相関関係が認められていました。すなわち、出身階層が上になるほど身長も高くなるという傾向を統計的に確認することができました。したがって、背が高いということは、それ自

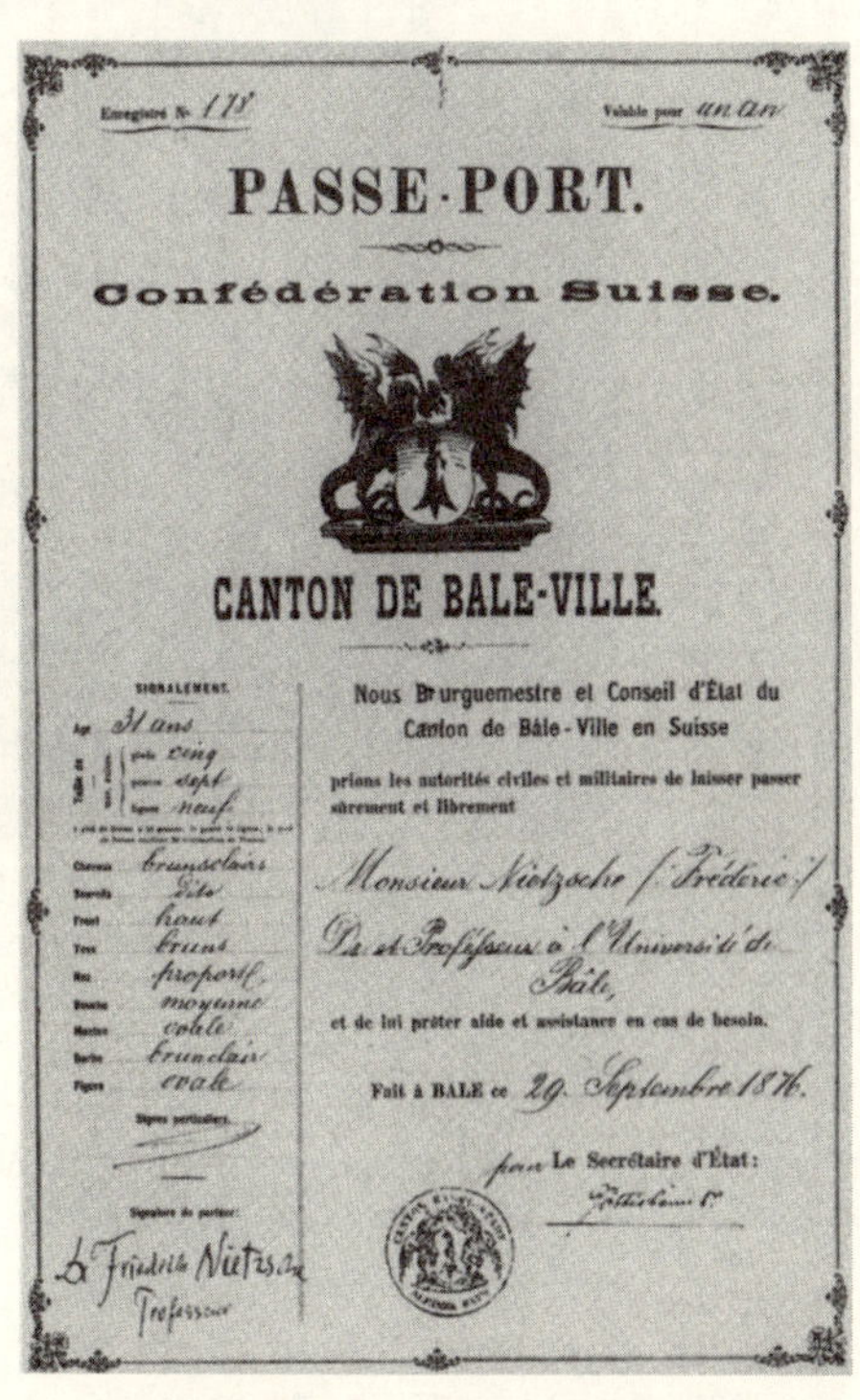

Enregistré N° 178　　Valable pour un an

PASSE-PORT.

Confédération Suisse.

CANTON DE BALE-VILLE.

SIGNALEMENT.

Age 31 ans

Taille de: pieds cinq / pouces sept / lignes neuf

Cheveux brunclairs

Sourcils Dito

Front haut

Yeux bruns

Nez proportl.

Bouche moyenne

Menton ovale

Barbe brunclair

Figure ovale

Signes particuliers.

Signature du porteur:

Dr Friedrich Nietzsche
Professor

Nous Bourguemestre et Conseil d'État du Canton de Bâle-Ville en Suisse

prions les autorités civiles et militaires de laisser passer sûrement et librement

Monsieur Nietzsche (Frédéric) Dr. et Professeur à l'Université de Bâle,

et de lui prêter aide et assistance en cas de besoin.

Fait à BALE ce 29. Septembre 1876.

pour Le Secrétaire d'État:

バーゼル州政府発行のニーチェのパスポート（1876年）
左側に、身長、髪の色、瞳の色などが記されている

ヴァーグナー家の人々　ヴァーグナー（後列右端）がコージマ（後列中央）よりも１段上に立っていることに注意

体として、上流階級の出身であることを視覚的に示すものでした。ニーチェの場合には、初対面の人間でもニーチェの出身階層がただちにわかったに違いありません。その点で、例えば身長が一メートル五〇センチに満たなかったリヒャルト・ヴァーグナーは、第一印象によって大きな不利益を被ることが多かったと考えられます。

　また、写真で見るニーチェの風貌に対する印象を決定しているのは、大学入学と同時に生やし始めた（と写真から確認できる）攻撃的な口髭でしょう。しかし、実は、ニーチェの髪も眉も口髭も、いずれも柔らかい明るい褐色、瞳の色も褐色で、大きな口髭の似合う風貌ではありませんでした。バーゼル大学でのニーチェの学生の一人も、この口髭がニーチェの持つ雰囲気には馴染まないものであったことを証言しています。「……ニーチェ先生は、肉体的に繊細なしなやかな作りで、むしろ外から見ると女性的な容姿に見えた。先生の挑戦的な口髭は、いわばこれを過剰に埋め合わせるものであって、先生の本質とは際立った対照をなしている」（西尾幹二『ニーチェ　第二部』）。また、ニーチェの女性的な雰囲気を、イーダ・ロートプレッツという女性（のちのオーヴァーベック夫人）も確認しています。

「……すでにそのころ、彼〔ニーチェ〕の両手が私の注意を引いていた。しかし、あとになるとさらにそうであった。それは、芸術家に相応しい形をしていた。神経の働きとエネルギーがその中に現れていた。彼は手を、何かを意図するわけでもなく暗示的に少し丸めていた。ニーチェは愛想がよかった。それどころか、女性的なもののかすかな気配すら漂わせていた……」（C・A・ベルヌーリ編『フランツ・オーヴァーベックとフリードリヒ・ニーチェ』）。

ニーチェが女性的な雰囲気の持ち主であったことは、彼が父の死後女性ばかりの家庭で育ったということや、彼が当時としては最高水準の教育を受けたということと無関係ではないに違いありません。しかし、ニーチェに具わる女性的な印象のために、ボン大学在学中の一八六五年、ニーチェが当時の「学生組合」の習慣に従って「決闘」を行ったとき、それは周囲の目に一層奇異なものと映ったのでした。

さらに、ニーチェの言葉遣いもまた、印象を決定する重要な要素でした。ドイツ語圏では、地方による方言の差異が大きく、共通語である「標準ドイツ語」は、文章語として用いられるだけで、特別な教育を受けないかぎり、会話の中で使いこなすことは困難でした。ところが、ニーチェは、訛りのない標準ドイツ語を話すことができたと言われています。これは特別に水準の高い教育を受けたことの証明であり、ニーチェが上流階級の出身であることを示すものでした。

ドイツ語圏では、牧師は知識階級として上流階級の一部を占めていました。ニーチェ家も、知識階級を構成する家系の一つです。特にドイツ東部では、そうした家系が婚姻関係によって結びつき、巨大な家系群を形成していました。したがって、この地域出身の多くの知識人はたがいに遠い親類の関係にあると言われています。ニーチェについても、ある調査によって不思議な事実が判明しています。すなわち、ニーチェの母方の一族であるエーラー家の先祖を十一代溯ると、リヒャルト・ヴァーグナーとの共通の先祖に辿り着くというのです。当人たちは知らなかったことですが、身長が二十センチ以上も違う、しかもただならぬ関係にあった二人は、遠い親戚に当たることになります。

そして、ニーチェの文章に現れるドイツ文化に対する責任感、ドイツ文化を指導する立場に身を置く者の使命感——ニーチェが提起する問題はつねに何らかの形で「文化」の概念と結びついています——は、自らの家系や出身階層に対する自覚の反映として理解されねばならないでしょう。

5　ニーチェの一日

一八七九年にバーゼル大学を去ったニーチェは、その後約十年にわたり、乏しい年金の範囲内で、スイス、フランス、イタリアの保養地を転々とする生活を続けます。医者に健康管理を委ねると、その安心感のために却って無謀なことをして健康を損ねる、医者にからないという決意が自分の健康状態を把握し健康を維持するための必要条件であるという確信は、ニーチェを自己流の健康法の実践へと促します。もちろん、ニーチェが立てた方針には、今日の常識から見て首をかしげたくなる怪しげなものが少くありません。しかし、怪しげな健康法は、怪しげなりに、十年のあいだ体調を安定させ、語るべきことをニーチェにすべて語らせるのに貢献しました。そのかぎりにおいて、相応の評価がこれに与えられるべきなのでしょう。

ニーチェが知人、友人、家族に宛てて認めた書簡や関係者の証言は、彼の日常生活のスケジュールを明らかにしてくれます。生活の内容は非常に単純で、ほぼ毎日判で押したように同じ日課の繰り返しでした。例えば、シルス・マリアでのニーチェの典型的な一日は次のようなものでした。

ニーチェの起床は午前五時。ニーチェは、直射日光が眼に与える刺戟を恐れて、山の方

（上）シルス・マリアの「ニーチェ・ハウス」 ニーチェの部屋は裏側の２階にある
（下）ニーチェの部屋の内部

を向いた陽の当たらない部屋を借りていました。夏とはいえまだ薄暗いその部屋の中でニーチェが最初にするのは、ランプを点け、ココアを淹れることです。ココアを飲んでから机に向かい、十一時ごろまでの約六時間をものを読んだり書いたりすることに使います。この間、七時か七時半ごろに朝食をとります。朝食の内容は、「生卵の黄身、アニス入りビスケット、紅茶」であったとある書簡は伝えています。他の日も似たような軽いものでした。「……紅茶は朝だけならよい。少量だけ、しかし、濃く淹れるべし。紅茶が少しでも薄過ぎるとひどく有害で、一日中気分がだらけてしまう。紅茶の濃さに関しては、誰でも自分の尺度があり、しかも、とても狭くて微妙な限度の範囲内にあることが多い。非常に刺戟の強い風土なら、紅茶を最初に飲むのは得策ではない。一時間前に、一杯の濃い脱脂ココアから始めるべきである」(『この人を見よ』)。ニーチェはこのように主張します。コーヒーについて、ニーチェは次のように言います。「コーヒーは飲まないこと。コーヒーは気分を暗くする」(『この人を見よ』)。これは、コーヒー豆を原料とするもののことではなく、チコリーの根を煎って作る、当時ドイツ国内で「国産コーヒー」などと呼ばれていたもの、かつては外貨の節約に貢献することから「愛国的飲料」とも呼ばれていた代用コーヒーのことでしょう。

なお、ニーチェの思想の中で「ディオニュソス的なもの」が重要な役割を果たしていることから、ニーチェは大酒飲みであったと考えられるかも知れません。ところが、ニーチェの「ディオニュソス的なもの」が生理的な現象としての陶酔とは無縁であるのと同様、ニーチェ自身もほとんど酒を口にすることはありませんでした。もちろん、体調を悪化させる危険がある、というのが飲酒を控えていた大きな理由でした。しかし、それとともに、ニーチェが、酒を飲むと悲しい気分になる質であったということが関係しているのでしょう。「一日にブドウ酒かビールをコップ一杯飲んだだけで、私の人生を『涙の谷』にしてしまうには十分過ぎるほどである」(『この人を見よ』)。

午前十一時を過ぎると、外出し戸外で体を動かす時間です。これがニーチェの健康法の中でもっとも重要な日課で、どこに住んでいるときにも、一日最低五時間の、散歩を中心とする戸外での運動をニーチェは欠かしませんでした。ニーチェが持って行くのは、思いついたことを書き留めるための鉛筆とノートを入れた革製の書類鞄と、晴雨兼用の赤い傘でした。戸外では眼鏡をかけないのが普通でした。アドルノ(一九〇三〜一九六九年)は、地元の老人から聞いたエピソードを紹介しています。「……ニーチェは、雨のときも晴天のときも、赤い日傘(ママ)を携えていた。——思うに、ニーチェはその傘に、自分を頭痛から守ってくれる役割を期待していたのだろう。一群の子供たちが……面白がってやっていたことに、ニーチェの傘が畳まれているとき、これに小石を詰め込んでおくという遊びがあった。ニーチェが傘を開くと、その小石がニーチェの頭上に降ってくる。すると、ニーチェは、傘を振り上げて脅かしながら、子供たちを追いかけて走るのだが、子供たちを捕えた

ホテル「アルペンローゼ」

ことは一度もなかった」（アドルノ「シルス・マリアから」）。

ニーチェは、午前中はあまり遠くに行くことはなく、村の西側に広がるシルス湖畔のお気に入りの場所まで歩くことが多かったようです。湖に突き出した半島の先端がニーチェの気に入っていました。現在そこには、ニーチェを記念する石（「ニーチェ石」）が置かれています。散歩のときには大抵ひとりでしたが、シルス・マリアにニーチェを訪ねてきた女性の信奉者が一緒のこともありました。正午、ニーチェは村外れにある「アルペンローゼ」というホテルに向かいます。ホテルの食堂で昼食をとるためです。食べるものはいつも大体同じで、「ビーフステーキ」と「マカロニ」または「オムレツ」で、ビーフステーキとオムレツの場合、値段は併せて「二スイスフラン二十五サンチーム」（約千五百円）です。坐る場所も、直射日光の当たらない日蔭の席と決っていました。

昼食が済むと、ニーチェは今度はかなり遠くまで足を

シルヴァプラーナの郵便局

延ばします。なだらかな道を選んで山を歩いたり、女性の信奉者たちを乗せてシルス湖でボートを漕いだり、知人を案内して氷河を見物したりすることもありました。村の中を歩くときには、下宿の家主の小学生の娘と一緒のこともあったようです。もちろん、何日かに一度は、村の東側にあるシルヴァプラーナ湖畔の道を通り、湖の反対側にある湖と同名の村の郵便局に郵便物を受け取りに行きます。永劫回帰のアイディアがニーチェの心に浮かんだのは、この散歩の途中でした。

午後五時ごろ、ニーチェは下宿に戻り、再び机に向かい、十一時ごろまで仕事を続けます。この間、七時か七時半ごろに簡単な夕食をとります。ある書簡には、朝使った葉をもう一度使って紅茶を淹れ、アニス入りビスケット、生卵の黄身二つ、ポレンタ（酵母の入っていないパン）を食べたと記されています。別の書簡では、これにハムが加わり、ポレンタが小型白パンに代わります。「私の胃がうまく消化できないか、まったく消化できないもの」（一八八五年四月から六月のノート）という標題が与えられた、食べられないものを列挙した断片がニーチェのあるノートに記されています。それによれば、調理に油を使うすべてのもの、豚肉と鶏肉を除く、焼いた、あるいは生の肉類、ほぼあらゆる方法で加熱した野菜、非常に多くの種類のパンを、ニーチェが避けるべきものと考えていたことがわかります。栄養学的にはでたらめなニーチェの食生活は、このような自己流の判断にもとづいた結果なのです。もっとも、食事に関するかぎり、ニーチェは、自らが定めた養生訓を厳密には守ることができなかったのでしょう。原則と実際との少し哀しいズレもまた、そこに認めることができます。

ニーチェは、自分が天才であるという印象を読者に与えようとします。思想は、考える者ではなく思想の方が望むときに到来するという主張や、読書は思考を妨げる雑音だから本は読まないという報告は、ニーチェの思想が努力の産物ではないかのように思わせます。しかし、実際のニーチェは、一日約十二時間を知的生活のために費した、驚くほど勤勉な勉強家でした。ニーチェの短いアフォリズムの背後には、平凡な、しかし多量の努力が潜むことをニーチェの一日は教えているのです。

6　アリアドネと二つの三角形

ルー・ザロメに『神をめぐる闘争』（一八八五年）という小説があります。ルー・ザロメの出版されたものとしては最初の作品であるこの小説には、ニーチェをモデルにしたクーノーという主人公が登場します。クーノーの弟で、クーノーと対照的な性格の持ち主として描かれるルードルフは、パウル・レーをモデルにしていると言われています。ルー・ザロメは、クーノーの経歴を構成する際にニーチェの経歴を利用し、また、クーノーが小説の中で語る言葉には、一八八二年夏、ルー・ザロメがそれまで書き溜めていたアフォリズムにニーチェが手を入れたものが利用されています。クーノーは、ニーチェの個性のうち特に目立つ側面を表現したものであると言うことができます。ルー・ザロメがニーチェのうちに見出したのは、感傷とは無縁な、あらゆる困難を克服して前進する意欲を失わない傾向であったことが、『神をめぐる闘争』からわかります。そして、この傾向は、著作に現れたニーチェが読者に与える印象ともおおむね一致するに違いありません。普通の人間であれば深い傷を負い、休息や自己憐愍（れんびん）や怨恨や絶望の中に沈みたいという誘惑に抵抗できないようなことを経験しても、自らに創（きず）を与えたものを素早く自己讃美の材料に作り替えてしまう造形力、生存に敵対的に作用し憂鬱な気分へと導く危険な契機を解毒してしまう能力を滑稽なほど真剣にニーチェは披露しているのです。もちろん、本能の健康が彼の哲学の核心である以上、彼自身の本能が健康であることは不思議ではありません。

とはいえ、ニーチェにもまた、あらゆる努力にも拘わらず消化することのできない経験、感傷へと誘うような経験がありました。しかし、彼は、少くとも発狂以前には、これを直接語ることはありませんでした。ニーチェが自己讃美の材料として利用することもできず、ニーチェの造形力も歯が立たなかったものとは何か、これを間接的に教えてくれる小説があります。画家であり紀行文作家であったウージェーヌ・フロマンタン（一八二〇～一八七六年）の自伝的小説『ドミニク』（一八六二年）です。小説の主人公ドミニクは幼馴染みで年上の女性マドレーヌに憧れを持っていましたが、やがてマドレーヌは別の男性と結婚し、まもなく世を去ります。この二重に不幸な出来事を深く悲しんだドミニクは、絶望することなく自己克服によって生きることを決意します。

ニーチェは、発狂の二年前にこの小説を読み、激しく感動したと伝えられています。発狂直前の一八八八年十二月、精神の安定を失いつつあったニーチェは、ある戦闘的な調子で書かれた書簡に「反キリスト者　フリードリヒ・ニーチェ　フロマンタン」と署名します。ニーチェは、この小説の中に、それまでの人生で起った重要な出来事に対応し、その記憶を呼び起こすものを見出したのです。

親しかった知人や友人と何らかの事情で疎遠になるということが、ニーチェの人生では繰り返し起こりました。ルー・ザロメとパウル・レー、ニーチェの方から関係を絶ったローデやマイゼンブーク……。しかし、いくら時間が経過しても直接口にすることができないほどニーチェを深く傷つけた人間関係があり、『ドミニク』はその記憶に刺戟を与えることになったのです。『ドミニク』に似たものをニーチェの人生の中に探すなら、もっとも近いのが、コージマ・ヴァーグナーとの関係であることがわかります。ニーチェは、自分とヴァーグナー夫人との関係を、小説の中のドミニクとマドレーヌの関係に重ね合わせていたのでしょう。ヴァーグナー夫人との関係が絶たれたことは、リヒャルト・ヴァーグナーとの決裂以上に深刻な打撃をニーチェに与えたかも知れません。ヴァーグナーとの決裂はいくらでも説明し正当化し、自己讃美のために利用することができますし、また実際、ニーチェはいたるところでそれを実行しています。しかし、ヴァーグナー夫人との関係が失われたことについて、ニーチェはついに「合理的」な説明を与えることができませんでした。むしろ、精神錯乱に陥ったあと、ニーチェが行ったのは反対のことでした。

一八八九年一月、精神錯乱に陥ったニーチェが知人や友人に宛てて認めたおびただしい数の支離滅裂な書簡（いわゆる「狂気の紙片」）に、コージマ・ヴァーグナー宛のものが少くとも三通含まれています。この中で、ニーチェは、自らをディオニュソスと同一視し、ヴァーグナー夫人をアリアドネと呼びます。クレタ島のミノス王の娘アリアドネは、迷宮の奥深く閉じ込められていたミノタウロスを退治するために現れたアテナイ王テーセウスを助け、ミノタウロスを退治したのち、テーセウスとともにクレタ島を脱出します。しかし、アリアドネは、旅の途中、ナクソス島でテーセウスに置き去りにされてしまいます。途方に暮れていたアリアドネの前に突然ディオニュソスが現れ、アリアドネに救いの手を差し伸べこれを妻にします。この有名なギリシア神話の中のアリアドネにコージマ・ヴァーグナーを重ね合わせたのは、しかし、ニーチェが最初ではありません。すでに一八六〇年代末、コージマが最初の夫ハンス・フォン・ビュローと別れ、ヴァーグナーのもとに身を寄せていたとき、フォン・ビュローは、自ら、コージマ、フォン・ビュロー、ヴァーグナーの三人の関係をアリアドネ、テーセウス、ディオニュソスの関係に重ね合わせて語っていました。この時期、毎週のようにトリプシェンのヴァーグナー邸に通っていたニーチェも、当然このアナロジーの三角形を知っていました。精神錯乱の中で、ニーチェは、自分にディオニュソスの位置を与える新たな三角形を描いたのでした。

ヴァーグナー夫人のニーチェに対する見方はまったく異なっていました。たしかに、彼女は、非常に早い時期にニーチェの才能を察知し、ニーチェと緊密に連絡を取ることにより、ヴァーグナーとニーチェを結びつける役割を果たしました。そして、このような役割は、彼女がフランツ・リストの娘として、当時の女性としては例外的に高度の教養を身につけていたことによって可能となりました。しかし、彼女は、ヴァーグナーの音楽的使命を実現するため、協力者として彼女のすべての人生を費すことを決意していました。ヴァーグナー夫人にとってのニーチェの価値はヴァーグナーにとっての価値でしかありませんでした。『人間的な、あまりに人間的な』（一八七八年）が公刊されたとき、そこにヴァーグナーへの批判が潜んでいることをヴァーグナー自身よりも先に気づいたのは彼女であり、ヴァーグナーの死までその周囲で続けられたヴァーグナーとニーチェの関係修復の試みに最初に見切りをつけたのも彼女でした。ニーチェは、こうした洞察力が自分に対し好意的に使用されなかったことを残念に思っていたのかも知れませんし、それはたしかに不幸であったに違いありません。

7　ニーチェと「隠れた性質」

ニーチェによれば、世界全体、あるいは存在するもの全体について、万人が同意することのできるような合理的で中立的な説明なるものは存在しません。存在するのはただ「解釈」のみ、すなわち、各人の本能の健康状態に応じて受け入れることの可能な仮説、生存に敵対的に作用したり、希望や慰めを与えたりするような多様な仮説だけだからです。したがって、ニーチェによって書かれたものの中に、世界や生存や存在するもの一般の根本性格に関する肯定的で中立的な判断を見出すことはできないはずです。

ところが、この点に関し、ニーチェについてこれまで試みられてきた多くの解釈は誤りを犯しています。すなわち、権力への意志という概念は存在するすべてのものの本質であり、世界を説明する原理として理解することができると多くの解釈者は考えてきました。

この誤解の責任の一部は、ニーチェ自身に帰せられねばなりません。ニーチェは、一八八〇年代後半、自らの思想の宣伝のための啓蒙的著作の執筆を計画し、具体的な目次案を何回か作っています。それら複数の目次案のうち、最後に作られたのが「権力への意志すべての価値の価値転換の試み」という表題を持つものであり、「自然としての権力への意志」「政治としての権力への意志」などの見出しが列挙されています。この目次は、あたかもすべての事象が権力への意志によって説明できるとニーチェが考えているかのような錯覚を与えます。しかし、もちろん、権力への意志を原理としてすべてを説明することがニーチェの意図であったのであるとすれば、彼本来の立場からの逸脱と見做されるべきでしょう。

すべてを説明すること、しかもただ一つの原理によってすべてを説明することに対し、ニーチェは不信感を持っています。このことは、当時のドイツ語圏の知的状況の内部におけるニーチェの位置をいくらか明らかにしてくれます。

さまざまな事象を矛盾なく説明するには便利であっても、その実在を証明することのできないような性質ないし力のことを「隠れた性質」と呼びます。すなわち、いまだ検証されるにはいたっていないか、あるいはそもそも検証することの不可能な仮説が「隠れた性質」であり、このような仮説を一つひとつ実験によって検証し、法則と誤謬に区分する作業が、少くともミクロのレベルに関するかぎり、科学の発展を促すものであったはずです。科学史上「隠れた性質」に数えられているものには、「燃素（フロギストン）」や「万有引力」があり、また、二十世紀の初めまで、「原子」や「分子」も「隠れた性質」でした。

ところで、十六世紀末までは正規の科学の中に含まれていた占星術、錬金術、記憶術などは、科学革命の進行とともに十八世紀末までには普通の意味での科学とは見做されなくなり、実験によって仮説を検証し、現象を数学的に記述することが科学の本質的な要素となります。十九世紀の前半は、数学と、もっとも早く数学化に成功した力学のあいだの相互依存関係を中心にして、自然科学が全体として安定して発展した時代でした。

ところが、十九世紀半ば以降、自然科学は、それまで自明と考えられていた基礎に問題を抱えていることが明らかになってきます。きっかけになったのは、数学における非ユークリッド空間の発見でした。ユークリッド幾何学の平行線公準を取り除いても、無矛盾な幾何学が成り立つことが確認されたのです。これによって、数学は、三次元空間についての素朴な直観に頼ることが許されなくなり、急速に抽象化し始めます。続いて、微積分学の基礎にある無限概念に深刻なパラドックスが隠れていることが判明します。このため主として微積分学を利用してきた物理的現象の数学的記述の妥当性が疑われるようになります。

物理学の分野では、古典力学の体系の内部では記述することができず鬼っ子のように扱われてきた熱力学が急激に発展し、古典力学の体系の妥当性が疑問視され始めます。それとともに、物理学において自明のものとして使われてきた「力」(vis) の意味が混乱していることがわかり、再検討を余儀なくされることになります。

ニーチェが著作活動に携わっていた一八七〇年代、八〇年代というのは、このように自然科学が動揺し基礎づけを必要とするようになった時代でした。

そして、自然科学の基礎が疑われるようになると、基礎の部分的な修正を試みる代わりに近代科学の無効を宣言し、科学を根本的に刷新することを標榜する新しい概念装置を導入する試みが次々に姿を現します。このような試みに共通するのは、ただ一つの非常に単純な概念を用いて、それまで一つの分野の科学が扱っていた現象、場合によってはそれ以外の諸現象をも一括して説明する点にありました。一八七〇年代、生物学者ヘッケル(一八三四〜一九一九年)によって、ダーウィニズムの誤解にもとづいて提唱された超ダーウィニズム、あるいは、十九世紀末にオストヴァルト(一八五三〜一九三二年)によって「エネルギー一元論」として定式化されることになる、物質の存在を否定する自然観などが、すでにニーチェの視界に姿を現していたに違いありません。ヘッケルを中心として一元論協会が作られ、ニーチェの周辺ではパウル・レーがこれに関与していました。このようなただ一つの原理、検証を免れた仮説であり、したがって「隠れた性質」であるただ一つの原理によってあらゆる現象を説明する「科学」は、一種の世界観の表現であり、信仰の対象にすらなりうるような雰囲気を当初から濃厚に漂わせていました。そして、ニーチェは、このようなすべての「一元論」的な試みを、全体に帰依しているという安心感を与えるもの、「惰性」への願望、一種のニヒリズムの反映として理解し、やがて消滅する運命にあるものと見做します。ただし、ヘッケルやオストヴァルトに代表されるこのような試みは、十九世紀末から二十世紀初めにかけて文化に対し強い影響力を持つようになりますが、世界観への飛躍は、ニーチェ本来の立場とは相容れないものであったことになります。むしろ、科学の危機的状況に対するニーチェの態度に敢えて位置を与えるとするなら、あくまでも個別的なものにその都度解釈を施し、「暫定的な真理」として認識の実験のために利用するのがニーチェの立場である以上、そのかぎりにおいて、ニーチェは、プラグマティズムに近い場所に位置を占める存在であったことになるのでしょう。

8　熱力学、進化論、文献学

ニーチェは、自然科学的な知識を習得する機会にも意欲にも乏しく、自然科学については、平均以下の知識しか持っていませんでした。そして、彼はそのことをよく自覚していました。しかし、恐らくそのおかげで、ニーチェは、同時代の知識人や少し下の世代の知識人が落ちた陥穽を免れることになります。

一八八〇年代は、第一次世界大戦後に大流行する透視術、占星術、降霊術、予言、磁気療法などのオカルティズムが知識人の興味を引きつけ始めた時代でした。当時は、オカルティズムを斥けるのが良識の証であるという考え方が崩れつつありました。しかし、ニーチェ自身は、科学的に説明することのできない現象を出現させるような催しには、まったく冷淡です。一八八二年に一度だけ出席した降霊術の集会に関してニーチェが語ったことは、心霊現象を自らの思想的立場から合理的に説明しようとしたベルクソンや、降霊術の実験に立ち会ったのち自らの自然観の問い直しを迫られたトーマス・マンなどとは異なり、オカルティズムがニーチェに何の知的刺戟も与えなかったことを示しています。ニーチェは、ペーター・ガストに次のように素気なく報告します。「降霊術というのは下らんペテンです。最初の三十分が過ぎたところであきあきしてしまいました。そして、昨夜のツェルナー教授は、昨夜の霊媒に騙されっぱなしでした。これについてはもう何も言うことはありません。私はもっと別のことを期待していたのですが……」(一八八二年十月三日附)。ツェルナー教授というのは、ライプツィヒ大学で教壇に立つ天文学者J・C・F・ツェルナー(一八三四〜一八八二年)のことで、降霊術の集会の主宰者でした。ニーチェは、一八七〇年代に、ツェルナーの著作『彗星の本性について』(一八七二年)を読み、その長大な序文に見出されるアカデミズム批判に共感を示しています。ツェルナー主宰の集会に顔を出したことと関係があるのかも知れません。

また、ニーチェは、自然哲学からの影響も免れることができました。自然哲学は、シェリングやバーダー（一七六五～一八四一年）など、十九世紀初めの哲学者たちが取り組んでいたドイツ語圏特有の思弁的な自然研究で、精神に対する自然の優位を強調し、自然を巨大な有機体として把握するロマン主義的自然観に依拠しています。自然哲学は、ドイツ語圏における自然科学の発展に測り知れない悪影響を与えたと一般には考えられています。ニーチェにとって、自然を有機的な全体として理解するロマン主義は、本能の病気の徴候以外の何ものでもありませんでした。

ところで、ニーチェが降霊術について発言した一八八二年は、ニーチェにとり、ルー・ザロメとの出会いと別れを経験した年でした。そして、ルー・ザロメは、ニーチェと自然科学とのあいだのある接点について、彼女とともにタウテンブルクに滞在中のニーチェが語ったことを記録しています。ルー・ザロメによれば、ニーチェは永劫回帰の仮説を自然科学的に、すなわち数学的に記述する必要があると感じていました。しかし、ニーチェは、自然科学の知識が著しく不足していることを承知しており、ルーおよびパウル・レーとのあいだで約束していた共同生活をパリかヴィーンで始めることができれば、その機会に自然科学全般について学び直したいと考えていたとルー・ザロメは語っています。ニーチェが永劫回帰の数学的な記述に執着したのは、永劫回帰がある物理学の法則がヒントになって誕生したものだったからです。すなわち、永劫回帰の背後には、エネルギー保存の法則が潜んでいました。ニーチェは、この法則についての知識を、主にヘルムホルツ（一八二一～一八九四年）とマッハ（一八三八～一九一六年）の著作から得ており、そこに参考になる説明を見出したようです。一八八六年、ニーチェは、面識のないこれら二人の物理学者に『善悪の彼岸』を贈っています。

ニーチェと自然科学との接点は、もう一つあります。それは進化論生物学です。十九世紀半ば以降、イギリスを中心にして、ダーウィンの『種の起源』（一八五九年）によって象徴される一連の論争が続いていました。

ニーチェ自身、ヘッケルやネーゲリ（一八一七～一八九一年）の著作から進化論についての知識を手に入れていました。進化論についてニーチェが得た知識は、『道徳の系譜学』（一八八七年）において命を与えられます。「系譜学」という言葉自体、この著作におけるニーチェの試みが、ダーウィンの進化論生物学に固有の一部門としての「系譜学」と並行的な関係にあることを示しています。すでにニーチェ以前にも、道徳を歴史的に変化するものと見做し、その変化を進化論的に説明する試みがあり、ニーチェもその内容を知っていました。しかし、パウル・レー、スペンサー、レッキー（一八三八～一九〇三年）などによるこのような試みは、道徳の変化が利他主義へと向かう一方向的な「進歩」であるという前提を共有していました。ニーチェにはこの点が不満でした。道徳の変化は進化ではあっても必ずしも進歩ではなく、道徳の一方向的な変化という前提に囚われているかぎり、道徳の多様性という事実が説明できなくなるからです。この不満は、ダーウィンがラマルク（一七四四〜一八二九年）に代表される先行の進化論および地質学のうちに見出した困難に対応するものです。ダーウィンもニーチェも同種類の困難を解消するために、同じ図式を考案します。生物の進化も道徳の変化も、ともに直線ではなく、枝分かれを繰り返す扇状の系図によって描かれることになり、そのために、二人の試みは系譜学（系統学）と呼ばれるのです。道徳（種）は、時間の経過とともに、当初は具えていなかった雑多な要素を取り込み、畸型化して行きます。畸型化が極限に達すると道徳（種）は一つの輪廓を維持することができず、複数の新しい道徳（種）に分裂します。これが分岐点において生じる出来事であり、ダーウィンはこの枝分かれを進化と呼びました。すなわち、系図を作ること、系譜学とは、分岐点を記述する作業なのです。ニーチェの場合、道徳の系譜学は、何よりもまず、もっとも古い形態の道徳である「風習の倫理」が動揺し解体して行く過程、そこから「君主道徳」と「奴隷道徳」が発生する過程を再現するものでした。

ところで、道徳の系図を作るというニーチェの試みは、ダーウィニズムとは独立にニーチェの心に浮かんだものです。進化論を知る前に、すでに系図を作ることの効用と意義をニーチェは熟知していました。彼にこれを教えたのは、古典文献学の本質的部分をなす原典批判です。原典批判とは、写本が作られる際に生じた誤記や脱落を取り除き、古代の文

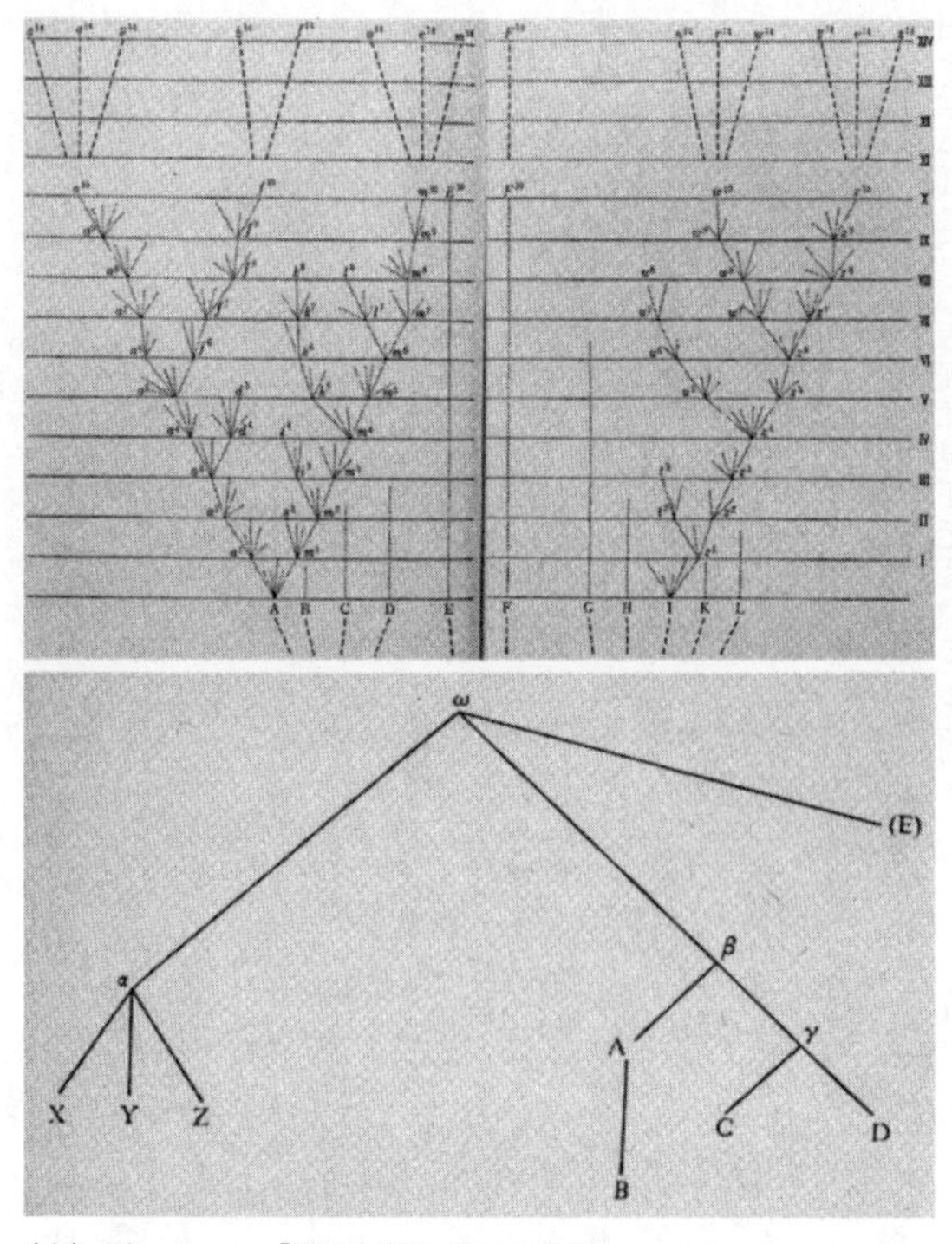

（上）ダーウィン『種の起源』唯一の図版
（下）写本の系統図

献を最初に書かれた通りに——「最初に」ということの意味はそれ自体大きな問題ですが——復元する作業です。ニーチェは、文献学者としてこの作業に類いまれな能力を発揮しました。原典批判では、複数の写本を、主に誤記を手がかりとして照合・分類して写本の系統図を作り、分岐点に当たる写本を特定、または再構成しながら、新しい写本から古い写本へ、そして失われた写本へと溯ります。道徳の系譜学はダーウィニズムに加えて、原典批判で培った知識と技術から生れたものだったのです。

9 存在しない著作

現在ドイツで刊行されている新しいニーチェ全集には、『権力への意志』という有名な著作は収められていません。ニーチェには、『権力への意志』なる著作は存在しないからです。それでは、ながいあいだ流布してきた『権力への意志』とはいったい何なのでしょう。『権力への意志』は、最晩年のニーチェが執筆を準備しながら、完成することなく終った「体系的主著」の草稿である、これがかつて通用していた説明です。『ツァラトゥストラはこう語った』を「玄関ホール」とする「主要構造物」になることをニーチェが期待していた著作こそこの『権力への意志』であるとも考えられていました。しかし、このような説明を無邪気に信じる人は現在ではいません。

一九五四年に出版された『ニーチェ選集』の編者カール・シュレヒタ（一九〇四～一九八五年）は、『権力への意志』が、最晩年のニーチェのノートから取り出した断章を自由に加工してニーチェの妹とペーター・ガストが捏造した幻の著作であることを、一九三〇年代に企画されたニーチェ全集の編者として行った調査にもとづいて明らかにしました。そのときまで、『権力への意志』は、次のような運命を辿っていました。

一、ニーチェは、一八八〇年代後半、実際に公刊された著作の何にも正確には対応しない一つの著作の執筆を計画していました。ただし、それが「体系的主著」として構想されたことを示すニーチェ自身の言葉は残されていません。計画のためのメモは、一八八五年秋から一八八八年夏までの約三年間断続的に作られ、そこには、「権力への意志」という表題が検討された形跡もあります。また実際、『道徳の系譜学』（一八八七年）では、この表題を持つ著作の出版が予告されています。

二、とはいえ、遅くとも一八八八年夏までには著作の構想自体が最終的に放棄され、それまでに作られたメモの一部が編集されて『偶像の黄昏』と『反キリスト者』になります。

三、ところで、ニーチェの妹エリーザベトは、兄の発狂から四年を経た一八九三年秋、パラグアイを離れてドイツに戻り、翌年の初め、ナウムブルクに「ニーチェ・アルヒーフ」（ニーチェ文庫）を設立し、ニーチェの思想の普及と著作の出版、ニーチェの書簡、手稿などの収集と管理に着手します。

四、しかし、ニーチェの肉筆を収集するという名目で兄の書簡を集めたエリーザベトは、これらを改竄したり、書簡以外のメモを利用したりすることで、最晩年のニーチェが妹に対し盲目的な信頼を打ち明ける書簡、ニーチェの手になるすべてのものの管理を彼女に委ねる旨を記した書簡をいくつも捏造します。一八八二年にルー・ザロメをめぐって生じた一連の騒動の中で自らが果たした役割を正当化するという目的、あるいは、ニーチェの書き残したものの公刊や編集に介入する権利を自らに与えるという目的のための偽造や改竄も行われ、手が加えられたり新たに作られたりした「書簡」は三十通以上にのぼりました。それとともに、彼女に不利な内容を持つ相当数の書簡が廃棄されました。

五、エリーザベトは、偽の手紙によって与えられた権威を利用し、主に印税収入を期待してニーチェ全集を刊行しながら、販売促進のために兄の伝記を執筆、公刊します。非常に信頼性の乏しい伝記の中では、当時まだ公刊されず彼女が原稿を占有していた『この人を見よ』から、彼女に都合のよい部分だけが不正確に引用されたり、ルー・ザロメやパウル・レー、フランツ・オーヴァーベックなどが熱心にかつ執拗に攻撃されたりしています。

六、この伝記には、一八八三年か八五年に「主著」の執筆計画を兄から打ち明けられたことが記されています。しかし、当時すでにルー・ザロメをめぐり二人の関係が険悪になっていたことを考えるなら、これはありえぬことでした。

七、エリーザベトは、この虚偽の証言に対応するような架空の「主著」を作成するため、パラグアイからの帰国直後にニーチェから遠ざけていたペーター・ガストを呼び出して「主著」の編集に当たらせ、自らも著作権継承者として編集に介入し、文献学的に不適切な修正、削除、加筆を行っています。

八、このようにして完成したのが、ニーチェの死の翌年、当時刊行中のニーチェ全集の一巻として世に出た『権力への意志　習作と断章』であり、一八八八年三月に成立したと推定されるノートに記された表題および目次の草案にもとづいて、一八八五年秋以降のノートから拾い出された四八三個の断章が整理され、収められました。その後、断章を一〇六七個に増やし、エリーザベト自身が編集に正式に参加した新版が一九〇六年に刊行され、このときに『権力への意志　すべての価値の価値転換の試み』という表題も確定します。

九、ところが、一九三四年、ドイツ政府の後援、監督のもとで新しいニーチェ全集が刊行されることになると、シュレヒタを含む新たに参加した編集者たちは、一八八〇年代のいくつかの書簡に不審な点があることに気づき、調査の結果、エリーザベトの死後、彼女による書簡偽造の証拠を発見します。兄妹の関係が険悪なときに敢えて妹に「主著」の執筆計画を打ち明けたり、前に引用したようなトゲトゲした書簡の投げ合いが続いていた一八八八年秋に、ニーチェが妹に対して全面的な信頼を唐突に打ち明けたり、『この人を見よ』の原稿の取り扱いを妹に委ねたりするというようなことは考えられないと編集者たちは判断し、偽造をつきとめたことで、何らかの作為があったのではないかという彼らの疑念の正しさが証されたのでした。

十、ただし、第二次世界大戦後、ニーチェ・アルヒーフのあったヴァイマールはソ連の占領下に入り、次いで東ドイツ領となったため、『権力への意志』に収められたそれぞれの断章を元の文脈に戻して読むことができるようになるまでには、さらに時間が必要でした。

ニーチェの肉筆のほぼすべてを収集した功績にも拘わらず、エリーザベトは、ニーチェ自身にとっては明らかに災いでした。それは、『権力への意志』の捏造や書簡の偽造にとどまるものではありません。ニーチェの思想について彼女が語る言葉を一度でも耳にしたことのある人々が一致して確認しているように、彼女は、兄の思想をまったく理解せず、性格の点でも趣味の点でもニーチェの対極にいました。特に、ニーチェならば嫌悪感しか抱かなかったであろうナチを熱狂的に支持し、ナチがニーチェを権威として利用することに喜んで協力した彼女は、第二次世界大戦後の長期間にわたりニーチェが誤解され続けることになる一つの原因を作ったのでした。

10　ギリシアのキリスト

ニーチェ第四期の著作活動に特徴的な要素の一つは、キリスト教に対する攻撃的な態度です。ニーチェは、キリスト教が人類にいかに有害な作用を及ぼしてきたかを繰り返し強調します。とはいえ、ニーチェが執拗にキリスト教を批判する理由について、解釈者たちのあいだに一致した見解があるわけではありません。たしかに、ニヒリズム、本能の健康、位階秩序の問題などに即してキリスト教の否定的価値が明らかにされていることは事実です。しかし、認識論上の完成した立場からキリスト教について与えられる説明はすべて、あとから与えられたものであり、ニーチェのこの問題に対する関心の由来を教えるものではありません。もちろん、ニーチェにとってキリスト教が単に抽象的な問題でなかったことはわかりますが、すべてを牧師の息子という出自に還元し個人的な問題として扱うこともまた何かを説明してくれるわけではなく、このことが私たちを困惑させることになります。少くとも、そこには、ヨーロッパの精神史を理解するためのニーチェの視点が介在していないはずはなく、それゆえ、著作活動のどこかに特定することができる誕生の場所を持っているはずなのです。

一、「キリスト教への呪詛」という副題を持つ『反キリスト者』が執筆されたのは、一八八八年のことです。しかし、ニーチェがキリスト教についての否定的な見解を公表するのは、このときが最初ではありません。公刊された著作を手がかりにして時間を溯って行くと、『反キリスト者』執筆の十年前、一八七八年に公刊された『人間的な、あまりに人間的な』以降、すべての著作がキリスト教の有害な作用についての何らかの記述を含んでいることがわかります。

二、けれども、『人間的な、あまりに人間的な』は、ニーチェがキリスト教に否定的な態度を示した最古の形跡ではありません。一八七六年秋、ソレント滞在中のニーチェがヴァーグナーとともに散歩したとき、ニーチェは、ヴァーグナーがキリスト教への帰依を打ち明けるのを聞いて幻滅を感じたと伝えられています。

三、ニーチェがキリスト教に対して敵対的であることは、さらに古い時期から知られていたようです。ある確実な証言によれば、一八七三年、ニーチェが公刊した『反時代的考察第一篇　信仰告白家にして著述家ダーフィト・シュトラウス』は、バーゼルの市民たちのあいだで好意的に迎えられました。というのも、『反時代的考察第一篇』において、著者であるニーチェは、自らは信仰を持たないにも拘わらず、キリスト教徒に代わり「無神論者」シュトラウスに攻撃を加えていると考えられていたからでした。『反時代的考察第一篇』が本質的にはキリスト教擁護の書と見做されていたのであるなら、バーゼルの市民たちは、これ以前にニーチェが行った何らかの発言を手がかりにしてニーチェがキリスト教に批判的であると考えていたことになります。

四、ところで、一八七三年からさらに二年前の一八七一年二月、バーゼル大学の哲学の教授であったグスタフ・タイヒミュラー（一八三二〜一八八八年）が転出し、そのポストが空くことになりました。これを知ったニーチェは、後任に自分を当てるよう、バーゼル市参事会に書面で要望を伝えます。この要望は受け入れられず、タイヒミュラーの後任は、タイヒミュラーと同じくトレンデレンブルク（一八〇二〜一八七二年）の弟子であったルードルフ・オイケン（一八四六〜一九二六年）に決ります。このとき、ニーチェが後任の候補として公式に検討された形跡はありません。哲学の教授にニーチェを当てることに対し、非公式な形で反対意見が出て、事前に候補から外されたと言われています。ニーチェがキリスト教に敵対的であるというのがその理由でした。一八七一年二月、すでにニーチェをキリスト教に対する否定的な見解の持ち主として認めるのに十分な証拠があったことになります。

五、バーゼル大学には哲学の教授ポストが二つありました。一つは正規の教授職で、カール・シュテッフェンゼン（一八一六〜一八八八年）という人物がながくその職にとどまっていました。もう一つは、いわゆる寄附講座で、大学の関係団体によって運営され、正規の教授であるシュテッフェンゼンが財政的な援助を行っていました。タイヒミュラーは、こちらの方の教授職についていました。そのため、このポストの人事について、シュテッフェンゼンが大きな発言力を持っていました。キリスト教に敵対的であるという理由でニーチェを斥けたのは、このシュテッフェンゼンです。シュテッフェンゼンは、宗教哲学と神学を主に研究し、バーゼルのキリスト教会と非常に友好的な関係にありました。彼が問題視したのが、前年の一八七〇年二月にニーチェが行った講演「ソクラテスと悲劇」です。

この講演の中で、ニーチェは、ソクラテスをギリシア悲劇とギリシア精神の破壊者として否定的に評価します。これがシュテッフェンゼンの神経を逆撫でしました。というのも、シュテッフェンゼンは、ソクラテスをキリストと重ね合わせ、キリスト教以前のキリストとしてこの上なく高く評価していたからです。彼はニーチェのソクラテス批判を間接的なキリスト教批判と受け取ったのでした。

六、シュテッフェンゼンのようなソクラテスの理解は決して特殊なものではなく、道徳哲学の歴史を語る際に多用されていたいわば常識でした。ベルクソンも、『道徳と宗教の二源泉』(一九三二年)において、ソクラテスとキリストの共通点に言及しています。ニーチェの問題の講演は激しい反響を惹き起こしました。この事実は、ソクラテス批判が聴衆にとって、キリスト教批判を連想させるものではなかったのであるとすれば不可解でしょう。「ソクラテスと悲劇」という講演において、ニーチェは初めてソクラテスについての自らの見解を公表しました。自らの講演がキリスト教への批判と受け取られることをニーチェが予想していたのかどうかはわかりません。しかし、講演に対する否定的な反応にも拘わらず、一八七一年七月には、のちに『悲劇の誕生』の一部となる小冊子『ソクラテスとギリシア悲劇』を印刷に附し、翌一八七二年一月には、攻撃的なソクラテス批判を含む『悲劇の誕生』を公刊したという事実は、ニーチェにとり、自らがソクラテスについて下した判断がキリスト教にも妥当することがこのときまでに確認されていたこと、そして、少くとも問題の講演以後に試みられたソクラテス批判が、いわば確信犯的に、キリスト教批判としても理解されることを想定したものであったということを物語っています。

ニーチェ最初のキリスト教批判は、ソクラテスへの批判として、この批判をキリスト教に自覚的にあてはめる試みから始まりました。そして、このギリシアのキリストについての理解を尖鋭化させることによって、キリスト教への批判を深化させることになったのでした。

11　敵たちよ、敵などいないのだ

過去二千七百年に及ぶ哲学史の中で、ニーチェほど良識を逆撫ですること、当たり障りのあることを飽くことなく語り続けた哲学者はいません。ニーチェ自身は、気分にムラのない穏やかな教養ある紳士でした。しかし、一旦筆を執るとニーチェは豹変します。著作の中でのニーチェは戦闘的で、必ずしも挑発的ではない表現が可能な内容でも、敢えて挑発的に響くよう工夫しているのではないかとさえ思われます。ニーチェの著作を新刊として読んでいた少数の同時代人の注意は、ニーチェの思想よりも、過激で誇張された表現の方に否応なく引きつけられました。ニーチェにあまり好意的ではない書評は、他人を攻撃したり自分を讃美したりするときにニーチェが使う派手な言葉を必ず取り上げ、いわば言葉じりをとらえてニーチェをからかっています。ニーチェの挑発的な表現は、ニーチェが狙った以上の効果を挙げていたことになります。

しかしながら、ニーチェの死後百年以上を経た今日では、事情がまったく異なります。同時代人の良識や神経を見事なほど逆撫でしたにも拘わらず、現代の哲学界の中で、ニーチェほど敵のいない哲学者はありません。もちろん、ニーチェが今日正確に理解されているわけではありませんけれども、少くとも、ニーチェに言及する者は誰もがニーチェに向ってやさしい微笑みを投げるばかりで、正面から彼を批判する者はほとんど見出されません。ニーチェについて語られることの大半は、過剰な善意による誤解にみちたものであり、根拠が明らかではないままですでに評価の定まった哲学者を味方につけておこうとする意図にもとづく強引な解釈です。明らかに、ニーチェの挑発的な表現は機能を失いつつあります。ニーチェは、ときには民主主義者として、ときには社会主義者として、そしてときには驚くべきことに女性の社会進出についてニーチェが繰り返し表明した否定的な見解がフェミニストたちによって善意に解釈されることすらあります。

脈絡のはっきりしないアフォリズムを寄せ集めて著作がまとめられていることが、聖遺物の盗掘に似た勝手な解釈を許す直接の原因なのかも知れません。しかし、このような状況がすでに百年以上続いていることは事実であり、ニーチェ解釈の歴史なるものを系統的に辿ることはほとんど意味を持たなくなってしまっています。誰かがニーチェについて語っているように見えても、実は自分のことを語っているに過ぎないことがほとんどだからです。「ニーチェ」という単語を表題に含むおびただしい数の書物がこれまで出版されてきたことは確かですが、ニーチェについて私たちが耳を傾けるに値することがそこで語られ、蓄積されてきたと考える必要はまったくありません。

この百年間、思想的な意味においてニーチェの敵の名に値する哲学者は一人も現れませんでした。しかし、少くとも、ニーチェをある程度以上正確に理解し、しかも、その思想の核心部分に近い論点に即してニーチェに一定の評価を与え、さらに、それでもなお、ニーチェの思想には限界があると主張した哲学者は存在します。そして、このような哲学者こそ、ニーチェの歴史的意義を考える上でさしあたり参照すべきであるに違いありません。そうした哲学者は、これまでのところ三人だけいます。ジンメル、ハイデガー、ハーバーマス(一九二九〜)の三人です。ジンメルは「生」の概念、ハイデガーは「ニヒリズム」の概念、ハーバーマスは「啓蒙」の概念について、それぞれニーチェがその規定と問題点の克服に果たした歴史的役割を認めた上で、ニーチェの限界を指摘しているのです。ニーチェを理解しようとするかぎり、これら三人を避けて通ることはできないでしょう。

これら三人の哲学者が貴重なのは、他の解釈者たちがニーチェの限界と正面から向きあうことを避けるからです。二十世紀を代表するフランスやドイツの哲学者たちのほとんどは、ニーチェについて何かを語っています。しかし、その内容があまりにも異なっているという事実がすでに、そこに何らかの誤りが含まれていることを示しています。もちろんフッサールは、そしてカッシーラー（一八七四〜一九四五年）は、ニーチェについて特に何も語っていません。論理実証主義者たちの中にも、ニーチェについて意味のある言葉を残した者はいません。

とはいえ、ニーチェがその著作において語ったことを一旦真面目に受け取り、同じ次元に立って理解しようとする意欲が多くの哲学者によって共有されるようになったという事実は、二十世紀という時代の偉大な到達点を示しています。例えば、現代の凡庸な良識の一部をなす人権尊重の考え方に対する否定的な見解をニーチェのうちに見出し、「野蛮だ」とか「病的だ」とか「憲法違反だ」といった情緒的かつ道徳的な烙印を押して本を閉じるという行動が、一般の読者公衆のあいだでもそれほど気楽に許されるものではなくなりつつあるとすれば、それもまた悦ばしいことでしょう。ニーチェに対して情緒的かつ道徳的に否定的な反応を示す人々は、こうした反応によって、自らが自由なる精神の対極にある「束縛された精神」であることを露呈しているのです。ニーチェの見解に最終的に賛成するにせよ反対するにせよ、ニーチェの言葉を提案として受け止め、認識の実験を試みることこそ、ニーチェが読まれることの意味であるはずだからです。

すでにマックス・ヴェーバー（一八六四〜一九二〇年）は次のように語ったと言われています。「今日の学者、とりわけ今日の哲学者の誠実さは、その人がニーチェとマルクスに対しどのような態度を取っているかによって測られる。……私たちが精神的に生きている世界は、広い範囲にわたってニーチェとマルクスに刻印された世界なのである」（アーサー・ミッツマン『鉄の檻』）。私たちは、さしあたり、敵を持たないニーチェなるものに耐え、これを悦ばしく思うことも必要かも知れません。ニーチェ自身も次のように予告します。
「……そして、このようにして私たちはたがいに我慢しあおうと思う。というのも、私たちはまさに自分のことを我慢しているからである。そしてことによると、いつか誰のところにもいっそう悦ばしいときが到来して、次のように言えるかも知れないのだ。

かつて死へと赴く賢者（アリストテレス）は、
『友人たちよ、友人などいないのだ』
と叫んだが、
今生きている愚か者である私は、
『敵たちよ、敵などいないのだ』
と、こう叫ぶ」（『人間的な、あまりに人間的な』）。

著作解題

Morgenröthe.

Gedanken

über

die moralischen Vorurtheile.

Von

Friedrich Nietzsche.

„Es giebt so viele Morgenröthen, die noch nicht geleuchtet haben.“
[illegible]

Chemnitz 1881.

Verlag von Ernst Schmeitzner.

Paris
Sandoz & Fischbacher
33 Rue de Seine.

St. Petersburg
H. Schmitzdorff
(C. Röttger)
Kais. Hof-Buchhandlung.
5 Newsky Prospekt.

Turin
(Firenze Roma)
Ermanno Loescher
via di Po 19.

New-York
E. Steiger
22 & 24 Frankfort Street.

London
Williams & Norgate
14 Henrietta Street,
Covent Garden.

『曙光』表紙

1 『悲劇の誕生』（一八七二年）

ニーチェの最初の著作。正しくは『音楽の精神からの悲劇の誕生』。一八八六年の新版には『悲劇の誕生、あるいはギリシア精神とペシミズム』という表題が与えられました。最晩年のニーチェは、『悲劇の誕生』を「ありうべからざる書物」と呼びます。この著作では、「ギリシア人のもとでのディオニュソス的現象」と「ソクラテス主義」の二つが解明されているはずでした。これらはそれぞれギリシア悲劇の「誕生」と「死」を説明するという課題に呼応して姿を現したものです。晩年のニーチェの言葉を使うなら、「芸術家の光学の下で学問を、生の光学の下で芸術を」強さのペシミズムの目で見ることが『悲劇の誕生』のテーマでした。

ギリシア人が際立っている点は、本来は酒と酒がもたらす陶酔、狂宴の神であったディオニュソスを、生理的現象としての陶酔から分離して内面化し、生存と世界をめぐるペシミスティックな洞察の神に作り変えた点、古代世界のいたるところで見出されたディオニュソスの密儀をギリシア人だけが強者の生存への意欲を刺戟する公共的で実験的な祝祭へと仕上げた点、具体的には、ディオニュソス的な芸術（音楽と抒情詩）とアポロン的な芸術（造形芸術と叙事詩）とを統合し、健康な人間の知性を刺戟する装置としてのギリシア悲劇を産み出した点にあるとニーチェは考えます。ニーチェは、芸術を、生存に敵対的な仮象を産出することにより本能の健康を試す本質的に実験的な活動として理解します。そして、この理解は、ニーチェの本来の思想的な立場と一体をなしています。

しかし、ニーチェは、『悲劇の誕生』にいくつもの欠点があることを認めます。ヴァーグナー崇拝の書と誤解され、「『音楽の精神からの悲劇の再生』」として引用されたこと。自らの洞察を自分の言葉で表現できず、カントやショーペンハウアーの不適切な概念を利

（上）ショーペンハウアー
（下）ニーチェ（1872年）

用せざるをえなかったこと。さらに、ドイツ精神やドイツ音楽などの末期的なものに誤った期待を抱いてしまったこと。そして、このような欠点のうちに、ニーチェは、第一期から第二期への、すなわち健康から病気への移行を認めたのでした。

普仏戦争に従軍した際に損ねた健康が回復せず、ニーチェは、一八七一年二月と三月、スイス南部の保養地ルガノで療養することになります。ルガノでのニーチェは、それまで作ったメモや短い文章をもとに、彼の心積りとしては最終的なものとなるはずの悲劇論の執筆に着手し、三月末には、「悲劇の起源と目標」という表題を持つ大部な原稿が完成します。ところが、この直後にルガノを離れ、トリプシェンのヴァーグナー邸に立ち寄ったニーチェは、バーゼルに戻ると、原稿の大幅な修正を始めます。ニーチェのノートを見ると、この修正が、ショーペンハウアーの芸術論を枠組として論述を再構成する方向で進められたことがわかります。これは、ニーチェが原稿を朗読するのを聞いたヴァーグナーの意見だったのでしょう。けれども、当然のことながら、修正が上手く行くはずはなく、嫌気がさしたニーチェは、原稿の一部分だけを印刷に附し、知人に配布して終わりにしようと考えます。しかし、秋になって友人たちに説得され、ニーチェは、修正中の原稿を一冊の書物として出版することを決めます。ヴァーグナーの芸術を称讃する内容の文章が加えられることも決りました。そして、翌年一月、『悲劇の誕生』が出版されます。

この著作は一気に執筆されたものではなく、元の原稿の立場とは異質な観点から無理な加筆、修正、削除などが繰り返され、全体として、自然な流れを欠いた、整形不美人のような著作になっています。『悲劇の誕生』の根本的な問題をめぐるニーチェの立場すら曖昧なままにとどまっているのはそのためです。

『悲劇の誕生』は、一部の文献学者たちから酷評され、ニーチェは、ニーチェを擁護する文章を発表した友人ローデとともに、文献学界での居場所を一挙に失います。これ以後、ニーチェは、文献学者としてのアイデンティティに頼ることを止め、自らの思想的立場の確立へと向かうことになります。

2 『反時代的考察』（一八七三〜一八七六年）

『反時代的考察』というのは、一八七三年から一八七六年にかけて公刊された著作四篇の総題です。ニーチェは、この総題の下で全部で十三篇の著作を執筆、公刊することを出版社に宣言していましたが、実際に執筆され、公刊されたのは四篇だけです。すなわち、『信仰告白家にして著述家ダーフィト・シュトラウス』（第一篇、一八七三年）、『生に対する歴史の利害について』（第二篇、一八七四年）、『教育者としてのショーペンハウアー』（第三篇、一八七四年）、『バイロイトにおけるリヒャルト・ヴァーグナー』（第四篇、一八七六年）の四篇だけが世に出たことになります。第一篇では、ダーフィト・シュトラウスの

『古い信仰と新しい信仰』に即して「教養俗物」に対する批判が、第二篇では、エドゥアルト・フォン・ハルトマン（一八四二～一九〇六年）の『無意識の哲学』を手がかりにして「歴史病」に対する批判が試みられます。これに対し、第三篇と第四篇はそれぞれ、ショーペンハウアーとヴァーグナーに対するニーチェの敬意の表明に当てられています。

ニーチェによれば、これら四篇の主題はすべて、若い時代の経験に由来するものであり、執筆、公刊の時期の見解を反映してはいません。しかし、それゆえにこそ、例えば第四篇は、ヴァーグナーに対する感謝に満ちた別れの言葉として書かれることになったともニーチェは語っています。

とはいえ、著作活動の第二期、すなわち思想的混乱の時代に成立した『反時代的考察』の内容を自信をもって語るのに、晩年のニーチェはかなり苦心することになります。これら四篇の著作についてのニーチェの回想はつねに歯切れが悪く、特に第二篇については、上手い説明が思い浮かばなかったのか、ニーチェはできるかぎり言及しないように、そして言及することが避けられないときには、そそくさと短く済ませようとします。完成期以降の立場から見て、その欠点は、自己讃美の巨匠ニーチェにとってすら取り繕いようのないほど深刻であったことになります。

ニーチェが標的にしたエドゥアルト・フォン・ハルトマンは在野の哲学者で、当時刊行中の大著『無意識の哲学』によって名声を得ていました。一八八〇年代にドイツに滞在していた森鷗外（一八六二～一九二二年）の短篇小説「妄想」によれば、当時、『無意識の哲学』は「鉄道」とともに十九世紀最大の発明と評価されていたようです。ニーチェは、生存に有害な作用を及ぼす危険な「歴史病」の顕著な徴候をハルトマンの思想のうちに認めてこれを批判し、さしあたり歴史を忘れ非歴史的に生きるよう努めることこそ、失われた健康を取り戻す唯一の道であると主張します。

このような見解は、ニーチェ本来の立場から見れば、転倒したものになります。本当は、有害に作用するかも知れぬ歴史的知識をその有害な作用のゆえに欲求し忘れない能力こそ、健康の証であると言わねばならないのに、病者は歴史から身を守ることにより健康を回復すると『生に対する歴史の利害について』は説明するのです。問題が健康と病気、強さと弱さという根本問題にかかわるだけに、この転倒は一層致命的であり、この著作について回想し始めた途端、ニーチェの声が急に小さくなることの、小さくはない原因であったに違いありません。

3 『人間的な、あまりに人間的な』（一八七八年）

アフォリズム集の形式を持つ最初の著作。これ以後ほぼすべての著作がこのスタイルを踏襲します。この書物に収められた六三八個の断章のうち、最古のものは一八七六年春に書かれています。この著作へと収束する一連の知的活動が一八七六年春に始まったことになります。このときまでの約三年間、ニーチェの知的活動は沈滞し、本質的な部分に関するかぎりほぼ停止した状態が続いていました。『悲劇の誕生』（一八七二年）公刊後、これと対をなすものとして構想された「哲学者」に関する著作（いわゆる『哲学者の書』）の執筆準備が始まります。しかし、「道徳外の意味における真理と虚偽について」という短い未完の文章（一八七三年六月）が執筆されたのち、思想的な破綻が明らかになり、執筆の計画自体が事実上放棄されます。これ以後、ニーチェのノートを埋めるのは、具体的な著作へと収束する気配を欠いたメモだけになります。一八七六年春までの約三年のあいだに作られたメモは、その後のいかなる著作に利用されることもありませんでした。このことは、当時のメモが、後年のニーチェから見て価値のないものであったこと、そして当時の思想的な混乱がいかに深刻であったかを告げています。

最晩年のニーチェは、この時期の自分が「本能の全体的混迷」に陥っており、知的には完全に涸渇し、ヴァーグナーなどへの譲歩に象徴される「自己喪失」の沼に落ち、それが自らに対する苛立ちの原因であったことなどを確認しています。この著作において表現を与えられた思想とは、ようやく自覚された、しかし実際には一八七一年四月以来進行していた本能の病気の治療のために獲得せざるをえなかったものでした。それゆえ、ニーチェが当時思想的な意味で生死の境をさまよっていたという意味で、この著作は「危機の記念碑」（『この人を見よ』）とも呼ばれます。

『人間的な、あまりに人間的な』は、これ以後の多くの著作と同様、明瞭に限定されたテーマを欠き、雑多なテーマについてのアフォリズムがいわば星雲のように配置されています。しかし、『人間的な、あまりに人間的な』には、二つの焦点が認められます。一つは「自由なる精神」の問題、もう一つは「人間的な、あまりに人間的なもの」として相対化された価値ないし道徳の問題です。前者は、一八七六年春から秋にかけて成立した断章において集中的に扱われ、後者は、一八七六年から一八七七年にかけての冬、ソレントのマイゼンブークの別荘に滞在中、恐らくパウル・レーの影響のもとで成立したアフォリズム群の中で扱われています。

『人間的な、あまりに人間的な』に続いて、二つの「附録」が公刊されます。のちに『人間的な、あまりに人間的な　第二巻』として合本される『さまざまな意見と箴言』（一八七九年）および『漂泊者とその影』（一八七九年）です。このうち後者を、ニーチェは、「私自身への復帰」を実現した著作として回顧しています。

『人間的な、あまりに人間的な』と二つの附録は、「恢復期」の生活感情を反映するものであり、『漂泊者とその影』ののち、ニーチェは健康を取り戻した存在として語り始めることになります。

ています。

4 『曙光』（一八八一年）

ニーチェ第三期の最初の著作。「道徳的先入見についての思想」という副題が添えられています。

一八八〇年三月、健康状態がいくらか改善したニーチェは、ナウムブルクを離れ、ペーター・ガストが住むヴェネチアを訪問します。

ヴェネチア滞在中の五月、ニーチェは、「ヴェネチアの影」という表題を持つ小さなアフォリズム集をガストに口述筆記させます。ここに収められた断章の大半が『曙光』に収められており、「ヴェネチアの影」は、『曙光』の原型であると考えられます。そして、「ヴェネチアの影」で初めて主題的に、しかも集中的に取り上げられたのが「権力」「権力感情」の概念です。権力とは、健康な人間が生存全体を材料とする認識の実験の涯に手に入れるはずのものであり、権力が手に入ったときに得られるのが権力感情でした。これらの概念は、本能の健康についての洞察を前提とし、これを説明するために導入されたものです。「ヴェネチアの影」とともにニーチェの思想が完成へと向かう直線的な歩みを開始したことを示しています。

さらに、最晩年のニーチェによれば、「道徳に対する追撃」すなわちキリスト教の有害な作用についての批判がこの書物から始まりました。とはいえ、この書物のトーンは戦闘的なものではないとニーチェは言います。「むしろ本書は、岩のあいだで日向ぼっこをしている海のケモノのように、丸くなって幸せそうに陽の光の下で寝ころんでいるのである。結局、私自身がそのような、この海のケモノであった……」(『この人を見よ』)。

ところで、ニーチェは、一八八〇年六月、ヴェネチアの暑さに耐えられなくなり、ボヘミア（現在のチェコ）の保養地マリーエンバートに移動し、さらに、秋には、ナウムブルク、ストレーザを経由して北イタリアのジェノヴァに辿り着き、ここで冬を過ごすことに決めます。そして、翌一八八一年の初めまでノートに書き溜めていた断章を整理してガストに送り、清書を依頼します。実はこのときまで、著作は「曙光」ではなく「鋤の刃」という表題になっていました。この言葉は、かつてヴァーグナー夫人がニーチェの思想について用いた言葉で、ニーチェは以前から著作の表題に使いたいと考えていたようです。「鋤の刃は堅い土にも柔らかい土にも刻み目をつける。それは高さも深さも考慮せず、それらを互いに近づける。この書物は、善人と悪人、弱者と強者のためのものである。これを読めば、悪人は善人になり、善人は悪人になるであろう。弱者は強くなり、強者は弱くなるであろう」。一八七六年九月のノートにニーチェはこのように記しています。ところが、清書を引き受けたガストは、清書をニーチェに送る際、表紙に次のようなエピグラフを書き加えます。「まだ輝いたことのないとても多くの曙光がある――リグ・ヴェーダ」。

これは、『リグ・ヴェーダ』には見出されないばかりか、インドに由来するのかどうかもさだかではない典拠不明の言葉でした。しかし、往々にして慎重さの不足するニーチェは、ここでも軽率に、このエピグラフを見て突然表題を「曙光」に変えることを決めてしまいます。「曙光」という表題は、このような怪しげな起源を持つものでした。

5 『悦ばしき知識』（一八八二年）

一八八一年夏、シルス・マリアで永劫回帰のアイディアを手に入れたころから翌一八八二年の初めごろまでに書き溜められたメモをもとにして作られたもので、『曙光』（一八八一年）と『ツァラトゥストラはこう語った』（一八八三～一八八五年）の中間に位置を占める著作。ここにはすでに、『ツァラトゥストラはこう語った』で主題的に取り上げられるいくつかのテーマが姿を現しています。例えば、「狂気の男」という標題を持つ断章（一二五番）では、「俺は神を探している」と叫びながら、ランプを片手に白昼の街を彷徨する男が描かれます。この男は、『ツァラトゥストラはこう語った』で「末人」と呼ばれることになる「神を信じない人々」に向かい、自分たち全員が神の殺害者であると告げます。ここでは、神の死の問題が先取りされています。また、初版で最後から二番目に置かれた「最大の重し」という断章（三四一番）では、「お前はこのことをもう一度、否、際限なく繰り返し欲するか」という問とともに永劫回帰が仮説的なものとして導入されます。

さらに、「悲劇ガ始マル」という、最後に位置する断章（三四二番）は、翌年公刊される『ツァラトゥストラはこう語った』の冒頭に、一箇所だけ変更を加えられ、そのまま利用されます。この変更についてはのちに述べます。

『悦ばしき知識』は、内容的にはあくまで過渡的であり、独自の個性を具えているわけではありません。むしろ、その特徴は、独特の雰囲気にあると考えられます。この著作は、一八八一年の後半から一八八二年の前半までの約一年間、具体的には、一八八一年夏のシルス・マリア滞在、これに続く秋から冬にかけてのジェノヴァでの生活、そして、一八八二年春のシチリアへの旅行、ルー・ザロメとの交流などの時期のニーチェの生活感情を反映しています。ニーチェによれば、当時の生活感情とは、思いがけず健康を取り戻した者が歓喜のあまり有頂天になり、悪ふざけへの抑えがたい衝動に駆られた状態、いわば「ながいあいだの欠乏と無力のあとの祝宴」のようなものでした。たしかに、ルー・ザロメとパウル・レーとともにニーチェがルツェルンで敢行した写真撮影は、一種の悪ふざけとして理解できなくはないかも知れません。ただし、ニーチェの場合、生活感情には必ず思想的な意味が伴っています。すなわち、当時のニーチェを支配していたものは、本質的には、認識の手段として生存全体を利用することを突然許されたために惹き起こされた気分の高揚に他なりません。表題に用いられている「悦ばしき知識」とは、一三二三年に始ったプロヴァンス方言による詩歌競技会に由来する言葉で、一種の哲学的な悪ふざけを指すのに相応しいものとして選ばれたのでしょう。

一八八二年ごろのニーチェの生活感情を一層明瞭に示しているのは、巻頭に置かれた、六十三篇の短い詩からなる「冗談、策略、復讐」と、このころに書かれ、一八八七年に『悦ばしき知識』が再刊されたとき巻末に加えられた「プリンツ・フォーゲルフライの歌」です。「プリンツ・フォーゲルフライの歌」を構成する十四篇の詩の中には、プロローグで紹介した「新しき海へ」も含まれています。

6 『ツァラトゥストラはこう語った』(一八八三〜一八八五年)

フルタイトルは、『ツァラトゥストラはこう語った　誰でも読めるが誰にもわからない書物』。ニーチェの事実上の主著です。

この著作の特徴は、その独特の文体にあります。妙にリアリティを欠く背景や状況の描写まで含めた新約聖書の叙述のスタイルの模倣であり、主人公のツァラトゥストラに、イエスと同じ語彙を用いて、イエスと反対のことを語らせる一種のパロディの試みでした。

この著作でニーチェの立場を代弁する主人公に与えられた「ツァラトゥストラ」という名前は、普通「ゾロアスター」と言われている人名のペルシア語表記の形をドイツ語風に発音したものです。ただし、ニーチェが借りているのは名前だけで、『ツァラトゥストラはこう語った』の内容は、ゾロアスター教とは関係ありません。

この著作は四つの部分から成り、それぞれ独立に公刊されました。このうち、第四部は、当時出版社と係争中であったため、自費でわずか四十五部印刷されただけでした。

一八八二年秋、ルー・ザロメがニーチェのもとを最終的に去ったのち、ニーチェはしばらくのあいだ狂乱状態に陥ります。しかし冬の訪れとともに徐々に平静な状態が戻り、知的活動が再開されます。

一八八二年から一八八三年の冬、ジェノヴァに滞在していたニーチェは、ツァラトゥストラを主人公とする物語の構想を急速に具体化させて行きます。「ツァラトゥストラが私を襲った」（『この人を見よ』）と後年ニーチェは回想します。二月初め、ニーチェは、ほとんど何の準備もないまま、『ツァラトゥストラはこう語った』第一部の執筆に突然着手し、約十日で一気に完成させます。完成は一八八三年二月十三日。リヒャルト・ヴァーグナーがヴェネチアで世を去ったのと同日同時刻であったとニーチェはドラマティックな口調で語っています。続いて同じ年の夏に第二部が、さらに翌年の初めに第三部が、それぞれ約十日で完成します。

内容上もっとも重要なのは第三部です。というのも、一八八一年八月にシルス・マリア滞在中のニーチェが思いついた永劫回帰の仮説に対し、ここでさまざまな表現が与えられているからです。これに続く第四部が執筆に多くの時間を要したにも拘わらず、他の部分と内容的に連続していないのは、第三部で『ツァラトゥストラはこう語った』が完結してしまっていることを如実に示しています。

この著作の特異な点は、テクストの外部の情報と結びつけることのできるような固有名詞を一つも含まないことです。登場人物のうち名前を持っているのはツァラトゥストラだけで、あとは単なる「老人」であり、「犬」であり、「船乗り」です。地名も同様で、「斑牛」と「至福の島々」という二つ以外に地名はありません。時代設定についての手がかりも含まれてはいません。『悦ばしき知識』三四二番には、まだ「ウルミ湖」という固有名詞が残されていましたが、これも『ツァラトゥストラはこう語った』では削除され、単なる「故郷の湖」になっています。読者は、いわば宙吊りの状態で物語に付き合うことになります。そして、このような工夫が、ニーチェのファンを産み出すとともに、ニーチェ嫌いをも大量に発生させることになったこの著作の特異な雰囲気を作っているのです。

7　七つの序文（一八八六～一八八七年）

一八八六年から翌八七年にかけて、新旧あわせて七つの著作とともに公表された序文。公表の時期が接近しているばかりではなく、執筆の意図や観点もすべて共通で、一応独立に執筆され、七つの異なる著作の巻頭にバラバラに置かれているにも拘わらず、一体のものとして読まれることが想定されています。『ツァラトゥストラはこう語った』が完成した後のニーチェは、自らの著作活動の目標を自らの思想の普及や宣伝に定めます。そして、このときから、ニーチェの著作活動の第四期が始まります。

最初にニーチェが着手したのが、著作活動を回顧する自伝的な文章の執筆準備でした。とはいえ、当時のニーチェは、印税の支払いについて、ケムニッツのシュマイツナー書店と係争中で、新たな出版社を探す作業も難航していました。この自伝的文章が旧著のための新しい序文という体裁を借りて執筆されること、序文の対象となる著作の数が七つであることだけが決っていました。

しかし、まず、ニーチェは、『善悪の彼岸』(一八八六年)を自費で出版し、それとともに最初の序文を送り出します。ニーチェが自らの著作に序文を附すのは、『悲劇の誕生』以来十四年ぶりのことでした。

続く序文を執筆、公表する機会は思わぬところから到来します。一八八六年春、ニーチェは、冬のあいだ滞在していたニースを離れて旅に出ます。六月、旅の途中ライプツィヒに立ち寄ったとき、ニーチェは、ライプツィヒの出版社フリッチュ書店の経営者エルンスト＝ヴィルヘルム・フリッチュ(一八四〇〜一九〇二年)に偶然再会します。フリッチュ書店から、ニーチェはかつて『悲劇の誕生』と『反時代的考察』の最初の二篇を出版していますす。ニーチェはフリッチュに、シュマイツナー書店との紛争のことを相談し、フリッチュは、著作の版権と在庫について心配するニーチェに、自らシュマイツナー書店と交渉することを約束します。八月、シルス・マリアのニーチェのもとに、版権と在庫をフリッチュが買い取ることで交渉がまとまったことを知らせる電報が届きます。これに対し、ニーチェは、感謝の言葉とともに、旧著に新しい序文を附して新版として再刊することを提案し、フリッチュもこれに同意します。そして、その後一年足らずのあいだに、著作活動を回顧し、それぞれの著作が著作活動の中で占める位置を明らかにする五つの序文が旧著とともに送り出されることになります。『悲劇の誕生』のために一篇、二つの附録とともに上下二巻に合本された『人間的な、あまりに人間的な』の各巻のためにそれぞれ一篇、『曙光』と『悦ばしき知識』のためにそれぞれ一篇の序文が執筆されます。その後、『道徳の系譜学』(一八八七年)のために序文が執筆され、一年ほどのあいだに七つの序文が姿を現したのでした。前に述べたように、この七つの序文において、ニーチェは、自らの思想的な歩みが病気と恢復を経験したこと、健康と病気が自らの著作を理解する鍵であることを強調しています。この点は、すでにルー・ザロメが指摘していたことであり、ニーチェはこれを、『この人を見よ』に先立つもう一つの自伝であるこの七つの序文で確認していることになります。

8 『善悪の彼岸』（一八八六年）

ニーチェ第四期の最初の著作。当時は単なる印刷所であったライプツィヒのナウマン社から自費で刊行されました。これ以後、新たに公刊される著作はすべてナウマン社から自費で出版されることになります。

『善悪の彼岸』は、啓蒙、宣伝を目標とした最初の著作です。「……その作業（価値転換）には、周囲を見渡して私に似た者を探すこと、強さのゆえに、破壊することのために私に手を差し伸べてくれるような者をゆっくりと探すことが含まれている――この日を境に、私の著作はことごとく釣針となった。ことによると、私は、誰にも負けないくらい釣りに心得があるのではないかな？……何も釣れなかった場合でも、私のせいではない。魚がいなかっただけなのだ――」（『この人を見よ』）。ニーチェはこのように語っています。

この著作は、アフォリズムを編んだものとしては、その四年前に公刊された『悦ばしき知識』（一八八二年）に続くものであり、すでに『悦ばしき知識』の公刊直後から、続篇として漠然と計画されていたものでした。ちょうどルー・ザロメとともにタウテンブルクに滞在していた時期の前後のことです。この時期のニーチェのノートには、「善悪の彼岸」――直訳すれば「善良と邪悪の彼方」――という言葉が記されています。

そして、ニーチェのこのような執筆計画は、『ツァラトゥストラはこう語った』（一八八三〜一八八五年）の執筆、公刊が予定外のことであったことを示しています。実際、ニーチェは、『善悪の彼岸』が『ツァラトゥストラはこう語った』以前の段階に戻る試みであったことも自ら確認しています。

とはいえ、この著作は、『悦ばしき知識』とは異なり、断章が内容に従って九章に分類、整理され、通読に配慮した体裁を具えています。また、権力論から永劫回帰へと進んできたニーチェの思考は、この著作では、位階秩序の問題へと収束し始めており、これに関連して、道徳の歴史的変化の進化論的説明や、善良と邪悪、優良と劣悪、高貴と卑賤などの対概念をめぐる奴隷道徳による価値転換を心理学的に明らかにする試みが前景に登場します。

ところで、『善悪の彼岸』というこの著作は、内容よりもむしろ表題によって有名でした。「善悪の彼岸」に立つことが背徳的に生きることであると誤解されたためです。たしかに、ニーチェは、自らを「インモラリスト」と称していました。けれども、「善悪の彼岸」において否定されるものは、「よい」と思われているもの一般ではなく、優良と邪悪、劣悪と善良を同一視するキリスト教道徳であり、さらにそこから派生し現代社会の中で支配的な役割を果たしている価値でした。悪いと一般に思われていることを悪いと認め、その上で、罪の意識を失うことなくこれを実行するいわゆる背徳者の立場とは異なります。

ニーチェの「インモラリスト」は、善良の彼岸に立つばかりではなく、邪悪の彼岸にも立ち、道徳自体を歴史的に相対化してしまう存在だからです。

9 『道徳の系譜学』(一八八七年)

『善悪の彼岸』を補足し解説するために執筆、公刊された著作。『善悪の彼岸』とは異なり、アフォリズムを編んだものではなく、普通の論文のスタイルを具えた三篇の文章によって構成されています。これら三篇の文章にはそれぞれ明瞭なテーマが設定され、それぞれのテーマは、『善悪の彼岸』に収められたアフォリズムに由来します。

道徳の系譜学、すなわち道徳の系図を作る作業は、ダーウィンの進化論生物学における系統学と並行的な関係にあります。これについては以前にも述べました。生物の進化が系統の分岐であると理解したダーウィンと同じように、ニーチェは、一つの道徳が崩壊し分岐する事態のうちに道徳の進化を認めます。もっとも古い形態の道徳は、共同体を外敵や自然の脅威から保護するために構成員が従わざるをえない規則の束から成るもので、ニーチェはこれに「原始道徳」または「風習の倫理」の名を与えます。しかし、この古い道徳は脅威の消滅とともに拘束力を失い、規則には多くの例外が加わり、罰則は緩和されて行きます。そして、このように畸型化した道徳は、一つの輪廓を維持できずに崩壊し、そのあとに、元の道徳に含まれていた要素のいくらかを引き継いだ複数の新しい道徳が生れます。健康な人間のための君主道徳も病者のものの見方を反映する奴隷道徳もこのような過程を経て「風習の倫理」から生じてきたものです。ニーチェは、『善悪の彼岸』において、このような系譜学的枠組を前提として、分岐の過程を細部にわたって記述しています。『道徳の系譜学』に収められた三篇の文章は、『善悪の彼岸』のテーマのうち三つを具体的に説明しようとするものでした。すなわち、ニーチェは、第一論文では、弱者が強者に対して抱くルサンチマンが奴隷一揆を惹き起こし、奴隷道徳を生み出したことを指摘し、第二論文では、人間が良心を持つにいたる心理学的過程、すなわち、本来外部に向けられていた残虐な性向が内側に反転する経過を説明します。そして、第三論文では、僧侶が実践し強要する禁欲が偽装された「権力への意志」であり、人類の退化をもたらした有害な態度であることが確認されます。

なお、ダーウィンの場合、系統学は、種を分類し整理する作業としての「形態学」と一体をなしています。そして、ニーチェのうちにもまた道徳の形態学ないし類型学の試みを見出すことができます。ニーチェの場合、道徳の形態学は、各人の本能の健康または病気の「徴候」として道徳を分類する作業であり、「徴候学」とも呼ばれます。少くとも『善悪の彼岸』以降、道徳を分類する試みと道徳の系図を作る試みは、つねに並行的に進められてきたと考えることもできるでしょう。

このような試みに関し、ダーウィンやニーチェは、孤立していたわけではありません。それどころか、十九世紀後半には、シャーロック・ホームズからベルティヨン（一八五三～一九一四年）やゴルトン（一八二二～一九一一年）による指紋の分類を経てパース（一八三九～一九一四年）の記号学にいたるまで、知識の記号学的組織化が広い範囲で進められていたのであり、ダーウィンやニーチェの系譜学（系統学）的試みもまた、そのような文脈の中でも評価することが可能になるかも知れません。

10 『ヴァーグナーの場合』（一八八八年）

発狂の前年一八八八年に執筆された五篇の哲学的な著作のうち最初のもので、発狂前に公刊された最後の著作。

この著作において、ヴァーグナーは、「デカダンス」の症例として心理学的考察の対象になります。「ヴァーグナーの場合」という表題自体、ドイツ語では「ヴァーグナーの症例」とも「ヴァーグナーという患者」とも理解することができる表現です。

ニーチェによれば、ヴァーグナーは「典型的なデカダン」、しかも自らの趣味に自信を持ち、それに他人を従わせるだけの勇気と能力を具えたデカダンであり、さらに、本質的には音楽家であるよりもむしろ効果を追求する「俳優」です。また、ヴァーグナーばかりではなく、当時の音楽界でヴァーグナーの対極に位置を与えられていたヨハンネス・ブラームス（一八三三～一八九七年）もニーチェの批判の対象となり、ドイツ音楽全体の無価値が宣告されています。

しかし、一八八八年九月、『ヴァーグナーの場合』が公刊されると、当時フリッチュ書店から刊行されていた『週刊音楽新聞』に「ニーチェの場合」という書評が掲載されます。筆者は、ヴァーグナーの立場に近い批評家リヒャルト・ポール（一八二六～一八九六年）。ポールは、ニーチェがヴァーグナーについても音楽についても何一つわかっていない単な

（上）『ヴァーグナーの場合』の原稿
（下）ペーター・ガスト

る狂人であると断定します。ニーチェは、フリッチュがこの書評を掲載したことを、自分に対する悪意または軽視と受け取り、フリッチュに戦闘的な書簡を送ります。当時いくつかの大きな新規の企画に忙殺されていたフリッチュにとり、手間がかかる割に利益に結びつかない著者であるニーチェは、煩わしい、厄介払いしたい相手だったのでしょう。ニーチェが献本の発送を依頼しても無視する……、遅延を咎めれば、「献本リストの紛失」を理由に恬（てん）として恥じるところがない……、著作の販売努力を放棄する……、といった前兆もありました。ニーチェの抗議に対し、フリッチュは冷やかに反応します。版権と在庫を手放してもよいと即座に回答しています。

十一月、ペーター・ガストが、当時ドレスデンで刊行されていた雑誌『クンストヴァルト』に『ヴァーグナーの場合』を擁護する文章を寄稿すると、この雑誌の主宰者でニーチェとも面識のあったフェルディナント・アヴェナリウス（一八五六〜一九二三年）は、ヴァーグナーについての評価が変わったことに関するニーチェ自身の説明がなされていないという主旨の註記を断りもなくこれに付け加えます。アヴェナリウスはヴァーグナーの甥に当たり、十九世紀末、この『クンストヴァルト』を拠点として芸術愛好家の団体「デューラー同盟」を組織することになる人物です。この団体は、第一次世界大戦前後には、ロマン主義的な傾向を持つ文学運動の中心となり、ドイツ青年運動にも影響を与えます。

ニーチェはただちに、反論の書簡をアヴェナリウスに送り、次号の『クンストヴァルト』に掲載することを要求します。書簡はニーチェの要求通りに掲載されます。ニーチェは、この中で、ヴァーグナーをめぐる見解は若いころから現在までまったく変化しておらず、ヴァーグナーについて書かれた『反時代的考察第四篇』すら「コージマ夫人の亭主」などとは関係ないこと、十年来バイロイトとのあいだで交戦状態にあることは、その間の自分の著作によって容易に確認できることを強調しています。

そして、すでにこのとき、ヴァーグナーに対するニーチェの批判的な態度がながい前史を持つことを証明し、ヴァーグナーとの関係についての誤解や無知を一掃するための著作『ニーチェ対ヴァーグナー』の印刷が始まろうとしていました。

11 『偶像の黄昏』(一八八九年)

一八八八年九月、発狂する四ヶ月前、ニーチェは突然心境に変化を来たし、一八八五年秋以来、執筆のためのメモが断続的に作られていた啓蒙的な著作の執筆計画が放棄されてしまいます。自らの見解を早急に公表しなければならないという焦躁感のようなものに襲われていたのかも知れません。啓蒙的な著作の執筆計画に代わり、それまで書き溜めてきた大量のメモの中から重要なものを拾い集め、啓蒙的著作の要約版のようなものを作る計画がにわかに姿を現します。この要約版は、当初「すべての価値の価値転換」という表題を与えられていました。しかし、間もなく、「ある心理学者のノラクラした生活」という表題に更（あらた）められ、九月上旬には原稿の主要部分が完成し、印刷所に送られます。

しかし、ニーチェは、その後ただちに、まずこの原稿全体の約四分の一に相当するキリスト教に関する部分を本文から取り除き、次いで、序文のうち三分の二を本文に組み込み、残り三分の一を削除するよう指示します。さらに九月末、シルス・マリアを離れトリノに辿り着いたのち、ニーチェは、表題を「偶像の黄昏　あるいはいかにしてハンマーで哲学するか」と更（あらた）めることに決め、一連の変更の結果消滅してしまった序文に代わる新しい序文を執筆し、印刷所に送ります。「偶像の黄昏」という表題は、ヴァーグナーの『神々の黄昏』を真似て、ヴァーグナーに対する皮肉を意図したものであると言われています。とはいえ、「偶像」（ゲッツェン）は、「神々」（ゲッター）と発音が似ているという理由だけで選ばれた言葉ではありません。この場合の偶像とは、伝統的に真理であると認められ、権威として通用してきたものを指します。「理性」「真なる世界」「意志の自由」「ドイツ精神」「利他主義」……、このような「永遠の」、「威張りくさった」、しかし病者のための「空虚な」偶像を叩きその虚ろな響きを聞くための道具が「ハンマー」であることになります。

ニーチェによれば、健康を維持し促進するには二つの方法があります。一つは、認識の実験によって自らを傷つけること、もう一つは、「偶像に探りを入れ、そこから巧みに音を聞き取ること」です。そして、『偶像の黄昏』は後者の試みであるとニーチェは言います。

ニーチェのこの言葉は、『偶像の黄昏』がニーチェの著作の中で占める位置を示しています。この著作は、ニーチェの啓蒙的な著作のいわば要約であり、ニーチェ第四期の著作活動全体の傾向を正確に反映しています。すなわち、この著作は、ニーチェの思想の入門書という位置を占めているのです。

『偶像の黄昏』は、十一月に印刷が完了し、ニーチェの手許に見本刷が届けられました。しかし、発行元のナウマン社との申し合わせで、一八八九年の刊行が予定されており、表紙にも1889と印刷されていたため、実際の配本が行われたのは、ニーチェの発狂後、一八八九年一月下旬のことでした。この著作は、ニーチェが自費で公刊した著作の中ではもっとも売れ行きが良く、翌九〇年には増刷されていますが、ニーチェがこれに立ち会うことはできませんでした。

12 『反キリスト者』(一八九五年)

人生の最後に公刊するとニーチェが決めていた著作。発狂直後、印刷が中止され、一八九五年にようやく公表されました。

一八八八年九月、ニーチェは、啓蒙的な著作の執筆、公刊を諦め、代わりにその要約版の作製に着手します。しかし、原稿を送り出したあと、ニーチェは、キリスト教に関する部分と、序文の三分の一を削除するよう印刷所に指示していました。実はこのとき、著作活動の計画が再び変更されており、『すべての価値の価値転換の試み』という総題を持つ四巻から成る著作群の構想が浮かび上がっていました。削除を指示した文章をもとにして新たな著作を執筆し、第一巻として公刊する可能性をニーチェは検討していたのです。九月半ばのことでした。この計画に従い、「ある心理学者のノラクラした生活」から切り取った文章に、その二倍以上の量の文章が書き加えられます。これが『反キリスト者』です。このときには、「すべての価値の価値転換 第一巻」として「キリスト教批判の試み」という副題とともに公刊される予定でした。しかし、著作活動の見通しがさらに変り、「すべての価値の価値転換」という構想自体が姿を消し、『反キリスト者 キリスト教への呪詛』という表題に決ったのでした。

なお、この著作の表題は、「反キリスト者」であり、「反キリスト」ではありません。ニーチェが批判しているのは、キリスト教やキリスト教徒であり、キリストではありません。実際、ニーチェは、キリスト教とイエスを明瞭に区別します。『新約聖書』が著しく歪めながらも辛うじて伝えているイエスの行動を手がかりにして、ニーチェは、イエスの心理学的類型を推測します。ニーチェによれば、イエスは、自分が戦うべき敵がこの世に存在することなど知らない人物です。罪、罰、罪の赦し、信仰、来世、因果応報などの観念が除去された状態こそ「福音」の意味であり、イエスはこの福音を行動によって示したとニーチェは言います。生理学的に見れば、イエスは紛れもない「白痴」だということになります。「天国」は、イエスにとっては到来を約束する対象ではなく、イエス自身の心の状態を指す言葉に他なりません。十字架上の死も、何ら逆説的な事態ではありません。イエスは「自らが生きてきた通りに、教えてきた通りに」「福音的行動」の帰結として死んだのであり、いかに生きるべきかがその死によって示されたことになります。

しかし、不幸なことに、「福音は十字架上で死んだ」とニーチェは言います。イエスの信奉者たちは、イエスの死の意味を理解することができなかったからです。代わりに彼らが試みたのは、ユダヤ教的な概念を借用してこれを説明し、イエスの死の背後に敵を見出すという、実に非イエス的なことでした。特に、「福音の死者」イエスの対極にある「禍音の使者」パウロは、世俗に抗して僧侶としての権力を手に入れるため、イエスを自覚的に「信仰の対象」に仕立て上げ、弱者や奴隷や賤民におもねる、ユダヤ教の堕落的形態としての「キリスト教」を作ります。人類にとっての災いは、パウロとともに始ったのでした。

13 『ニーチェ対ヴァーグナー』(一八九五年)

ニーチェ最後の著作は『この人を見よ』であると普通には考えられています。しかし、形式的に見れば、『この人を見よ』は、ニーチェが決めた著作公刊の順序としては最後から二番目、『反キリスト者』の直前に置かれ、原稿が完成した順序から言うと、最後から三番目の作品になります。『この人を見よ』の原稿が送り出されたあと、『ニーチェ対ヴァーグナー』と『ディオニュソス頌歌』という二つの著作の構想が唐突に姿を現すからです。このときすでに、発狂までに残された時間は一ヶ月を切っていました。

とはいえ、『この人を見よ』が最後に執筆されたと見做すのには理由があります。『この人を見よ』以後に計画され、しかし、ほぼ間違いなくこれよりも先に公刊されるべきであるとニーチェが考えていた二つの著作は、新たに書き下されたものではないからです。『ニーチェ対ヴァーグナー　ある心理学者の公文書』は、ニーチェがヴァーグナーに対しすでに十年以上にわたり敵対的な態度をとり続けてきたことを証明するため、自らの著作からヴァーグナーに関する断章を拾い集めた「抜粋」であるとニーチェは説明しています。しかし、断章の編集は恣意的で、厳密には「抜粋」ではありません。例えば、『悦ばしき知識』の八七番の断章(「芸術家の虚栄心について」)を、ニーチェは「私が感嘆するもの」

という標題で収録します。ところが、元の断章にはヴァーグナーへの言及が含まれておらず、ニーチェは、元の断章の最後の一文を削除し、代わりに「ヴァーグナーは深く悩んだ芸術家である――これが他の芸術家たちに優る卓越性である」云々という文を加え、ヴァーグナーに関する断章に書き換えています。ほぼすべての断章について、このような修正が施されています。

ニーチェは、十二月中旬に入ってから編集に着手し、十二月十五日には早くも原稿が印刷所に送り出されます。ニーチェが急がせたため、一週間後の二十二日には最初の校正刷が出来上がります。もっとも、ニーチェは、この著作の公刊が本当に必要であるのかどうか、かなり迷っていたようです。公刊の中止が短い期間に何回も検討されています。一八八九年一月二日、ついにニーチェはナウマン社に公刊の中止を電報で通知します。そして、恐らくその翌日、一月三日に、ニーチェは精神錯乱に陥り、二度と正気に戻ることはありませんでした。ただ、十二月下旬からすでに時折狂気の徴候を示すこともあったニーチェが、公刊の中止を決めたときいかなる状態であったのかはわかりません。公刊中止の電報を打ってから一週間後の一月八日、フランツ・オーヴァーベックが発狂したニーチェをバーゼルに連れ戻すためトリノのニーチェの下宿に足を踏み入れたとき、ニーチェは、雑然とした部屋の中で、ソファーの隅に小さく蹲るように坐り、しかし『ニーチェ対ヴァーグナー』の校正刷を握りしめ、これに目を通していたと言われています。

14 『この人を見よ』（一九〇八年）

一八八八年九月下旬、ニーチェは土砂降りの雨の中、シルス・マリアを離れ、「証明済みの土地」トリノに直行します。哲学者ニーチェの最後の冬が始まります。ニーチェの気分は昂揚していました。自分の思想に対する反響が途方もない規模で間もなく世界中から聞こえてくるに違いないという、結果的には現実となった予想が、知人や友人への手紙の中で大真面目に繰り返されています。

誰もが自分に微笑みかけてくれているように感じられる幸福な気分の中で、ニーチェは、四十四歳の誕生日である十月十五日を期して自伝『この人を見よ　いかにして人は本来の自分になるか』の執筆に着手し、わずか三週間でこれを完成させます。「この人を見よ」とは、逮捕してイエスを群衆の前に引き出したときにピラトが口にしたと『新約聖書』が伝えている言葉です。十一月上旬、原稿はニーチェの手を離れ、印刷所に向けて送り出されます。さらにその後、大規模で複雑な修正が何回も指示されます。しかし、不幸にも、ニーチェの発狂後、原稿は妹の手に渡り、恣意的に利用された末、妹や母を中傷する目的でニーチェが発狂直前に試みた書き換えを中心とする多くの修正が無視され抹消された姿で、一九〇八年にようやく公刊されます。ニーチェの修正の指示をほぼ完全に反映した

『この人を見よ』は、妹に原稿が渡る直前にペーター・ガストがひそかに作成していた、修正を指示するニーチェによる最後の文書の「写し」が発見された一九六八年にようやく全貌を現したのでした。

『この人を見よ』は、ニーチェが執筆を予定していた最後の著作でもあります。原稿を送り出したとき、ニーチェには、これに続いて新たに執筆されるべきいかなる著作の構想もありませんでした。まず『偶像の黄昏』、続いて『この人を見よ』、そして最後に『反キリスト者』が公刊され、自らの思想の普及、宣伝を目標とする第四期の著作活動は完結するはずでした。『反キリスト者』の場合、原稿の完成は刊行予定の一年以上も前。これほど早く原稿が用意されたことはありませんでした。近く訪れるかも知れぬ破局への備えであったとも考えられます。また、たとえ発狂しなかったとしても、一八八九年以降も著作活動を継続する意志は、もはやニーチェにはなかったと考えるべきでしょう。しかし、それだけに、『この人を見よ』に辿り着いたニーチェは、自分の人生と著作に満足していたに違いありません。だからこそ彼は、『この人を見よ』の序文に次のような満足の言葉を記すことができたのでしょう。「この完全な日、ブドウの房が鳶色に染まっているだけではなく、すべてのものが熟したまさにこの日〔一八八八年十月十五日〕、一筋の光が私の人生の上に落ちてきて、これを照らし出した。私は来し方を顧み、行く末を慮った。私がこれほど多くのよきものを一度に見たことはなかった。今日私は、自分の四十四番目の一年を埋葬したのだが、それは決して無駄ではなかった。……どうして私は自分の全人生に感謝しないでいられよう。――そして、そうであるからこそ、私は自分自身に私の人生を語り聞かせようとしているのである」。

ブックガイド

『如是経』の表紙

ここまで読み進めてきた人々の多くにとって、本書を読むことは、ニーチェについての知識を手に入れるための最初の一歩であったに違いありません。そして、さらに多くの人々にとって、この努力の最後の一歩になるのではないかと私は思います。本書は、このような人々のために書かれたものです。私自身は、本書を読んだあとでニーチェの著作に取り組んだ方がよいとは必ずしも思いません。専門家やマニアを目指すのでないかぎり、研究文献を読み漁る必要があるとも思われません。「ニーチェの著作を、可能なら原語で読まなければニーチェを本当に知ったことにならない」などと言う研究者がいますが、それが本当であるなら、専門の研究者でないのにニーチェについて知ることのできる人は、よほど暇を持て余している人だけになってしまうでしょう。実際、ニーチェについて何らかの知識を持ち、これを手がかりにして考えをめぐらしている人々のうち、ニーチェをドイツ語で読んでいる人々は決して多くはなく、また、反対に、ニーチェをドイツ語で丹念に読み、研究文献を幅広く読んでいる人々のすべてが、ニーチェの中に、本当に価値あるものを見出しているわけでもありません。

私は、ニーチェの言葉や研究者の言葉を盲目的に追うよりも、ニーチェを離れ、私たち自身の問題を考える上で役に立つヒントを本書の中から一つでも取り出してもらうことの方が大切だと考えています。

とはいえ、本書を読んだ人々の中には、ニーチェという人物やその思想について知り、考えるために、さらにもう少しだけなら時間や体力や金銭を投資してもよいと考えている人もあるかも知れません。そこで、ここでは、ニーチェの著作、ニーチェの伝記的情報を収集するための資料、そして、ニーチェの思想の歴史的な意義を考えるための手がかりとなる文献を、本書の次に読むのが相応しいと思われる範囲にかぎって紹介します。特殊なテーマを扱ったもの、紀要や学会誌に発表された専門的な研究論文、そのような論文をつなぎ合わせた研究文献、本書よりも初歩的なもの、ニーチェの思想をめぐる誤解を惹き起こしそうなものは取り上げられていません。また、それぞれの書物の発行元との関係では、現在もっとも入手しやすいものだけを挙げてあります。

ニーチェの著作を読む

ニーチェの文章が初めて日本語に翻訳され出版されたのは、一九〇二（明治三十五）年のことです。ニーチェが歿してからまだ二年しか経っていません。それ以後今日までの約百年のあいだに出版されたニーチェの日本語訳は、全部で三百点近くにのぼります。ニーチェの著作の出版点数は、出版国別では本国ドイツに次いで世界第二位、言語別でも、ドイツ語、英語訳、フランス語訳に次いで世界第四位です。日本は、世界一のニーチェ翻訳大国です。ドイツ語圏以外で、ニーチェを自国語で読むことに対する要求がこれほど強い国はありません。日本の言語や文化、日本が占めている地理的な位置を考えると、百年前に始まったこの流れは、驚きを誘い感慨深いものがあります。『ツァラトゥストラはこう語った』にかぎっても、過去百年間に翻訳に携わった訳者は全部で十四人、すなわち、少くとも十四種類の日本語訳が出版されたことになります。ニーチェの他の著作についても事情はほぼ同じです。

現在入手することのできる翻訳はどの著作についても少くとも二種類あり、図書館や古書店を活用する場合、選択肢はさらに広がります。ニーチェの日本語訳は、全体として、かぎられたスペースで列挙することができるような数ではありません。そこで、翻訳を選ぶ際の目安だけを述べておきます。まず、現在手に入る翻訳について、その特徴を説明します。白水社の『ニーチェ全集』〔第Ⅰ期十二巻、第Ⅱ期十二巻、別巻一巻〕は、現在のところ決定版と考えられているグロイター版の『批判的ニーチェ全集』を底本とする全集です。ニーチェの手で公刊された著作だけでなく、遺稿や断片もほぼすべて収められ、しかも、書かれた順に従って機械的に配列されています。このため、『権力への意志』はまとまった一つの作品として扱われてはいません。また、『この人を見よ』〔第Ⅱ期第四巻所収〕の底本は、これ以前の『この人を見よ』の翻訳が依拠している底本と、本文にかなり大きな違いがあります。この全集の訳者のほとんどはドイツ文学の研究者です。全体としては、正確さよりも読みやすさが優先されていますが、なかには、どちらも実現していない問題のある翻訳も少なからず含まれています。

これとは対照的なのが、もう一つの全集、すなわち、ちくま学芸文庫の『ニーチェ全集』〔全十五巻、別巻四巻〕です。訳者はほとんどが哲学の研究者で、読みやすさという点ではやや劣るものもありますが、正確さに関しては、全体として白水社版の全集よりもすぐれています。ただ、『権力への意志』が収められているということからわかるように、この全集は、グロイター版の全集が刊行される前の昭和三十年代に、主にグロースオクターフ版に依拠し、独自の方針で編集され刊行された理想社版全集の改訂版で、遺稿や断片については、ごく一部を、年代順と内容別の折衷のような形で、通読しやすいように配列するという方針に従い、『哲学者の書』『権力への意志』『生成の無垢』などの巻が作られています。

全集以外にも、各種の文庫などに収められている翻訳があります。しかし、こうしたもののうち、『ツァラトゥストラはこう言った』〔全二巻、氷上英廣訳、岩波文庫〕と『悲劇の誕生』〔秋山英夫訳、岩波文庫〕の二点は、前に挙げた二つの全集に収められている同じ著作の翻訳よりも読みやすく正確ですが、それ以外は、質的にはあまり大きな差はありません。ただし、同一の著作を読む場合でも、訳文によってニーチェに対する印象はかなり異なります。訳者の個性がかなりハッキリと反映されるからでしょう。例えば、白水社版の全集に収められた『偶像の黄昏』（西尾幹二訳、第Ⅱ期第四巻所収）は、「です・ます」体の翻訳であり、これ以外の翻訳を読む場合と、読者に対するニーチェの態度の雰囲気が異なります。図書館で検索して、好みの訳者を見つけるのも、一つの方法かも知れません。

ところで、ニーチェの著作として世に出ながら、過去にいかなるニーチェ全集に収められたこともなく、今後も決して収められることはないであろう書物があります。

一九五一年、アメリカで『私の妹と私』（*My Sister and I*）という英語の書物が出版されました。表紙には、著者として「フリードリヒ・ニーチェ」、訳者としてイギリス人のニーチェ研究者「オスカー・レヴィ」の名がそれぞれ印刷されています。「訳者」は、「序文」の中で、『この人を見よ』はニーチェ最後の著作ではなく、発狂後、さらにもう一つの「自伝」が執筆されたと言います。この「自伝」の「原稿」は、イェーナ大学附属病院に入院中の「ニーチェ」の手になるものであり、「ニーチェ」は、自分よりも先に退院するある「患者」にこれを託した、と「序文」には記されています。ところが、この「原稿」は出版されることなく、「元患者」の「息子」とともに「カナダ」に渡り、さらに「カナダ」で、「元牧師」の「実業家」に売り渡され、その「元牧師」は、第一次世界大戦中、「イギリス」にいた彼の「妻」を「カナダ」まで送り届けてくれた「アメリカ人のジャーナリスト」に対しお礼として「原稿」を贈り、「オスカー・レヴィ」は、この「アメリカ人のジャーナリスト」から、「一九二一年」に「原稿」について初めて聞かされ、さらに二年を経て、実際に「原稿」を手に入れ、翻訳した、と「序文」にはこう記されています。さらに、この書物の末尾に附された発行者の言葉によれば、ドイツ語の「原稿」はもはや存在せず、英語の「翻訳」のみが手許に残されている、ということになります。というのも、一九二七年、「オスカー・レヴィ」から「翻訳」とドイツ語の「原稿」を受け取った直後、ドイツ語の原稿は、「ニューヨーク悪徳撲滅協会」なる団体の関係者によって自分の会社の事務所が急襲された際、他の書類とともに持ち去られ、その後焼却されてしまったからである、と発行者は言います。ただ、「翻訳」の原稿だけは、その後一九五一年になってボロボロの状態で奇蹟的に発見されたため、ただちに出版することに決めた、とも発行者は記しています。

もちろん、これは偽書です。ニーチェが妹エリーザベトと恋愛関係にあったということがこの「自伝」には記されていますが、ニーチェや本当のニーチェ研究者なら決して犯すことのない事実の誤認が含まれていたり、ニーチェが用いるはずのないような表現が見出されたりします。「訳者」として名前を使われた本物のオスカー・レヴィは、実在のニーチェ研究者で、この偽書が公刊されたときにはすでに世を去っていました。のちに、「デイヴィッド＝ジョージ・プロトキン」という人物が、作者として名乗り出ています。

この本は、日本語にも訳されています。日本語の表題は、『陽に翔け昇る――妹と私

――』〔丸田浩三監修、十菱麟訳、ニイチェ遺作刊行会、一九五六年〕です。このような偽書まで翻訳されている国はおそらく他にはなく、この訳書の存在は、日本がニーチェ翻訳大国であることの証(あかし)の一つであると考えることもできるかも知れません。

周辺情報を集める

ニーチェの面白さは、独自の思想的立場にのみ存するのではありません。ニーチェは、人間として際立った個性を具えています。ニーチェの研究において、伝記が重視されるのは、ニーチェの思想と個性とのあいだに関係があるからであり、しかもそれをニーチェ自身が認めているからに他なりません。

かつてはニーチェ伝の決定版と考えられていた妹エリーザベトの手になる伝記『ニーチェの生涯』〔全二巻、浅井真男監訳、河出書房新社〕は、現在では信頼性に乏しいものと見做されています。この伝記に価値があるとすれば、それは、ノーベル文学賞の候補に三回も名を連ねたエリーザベトのこの著作が、哲学者ニーチェに関する記録であるよりもむしろ、エリーザベト自身についての資料だからであるに違いありません。少くとも、妹エリーザベトのニーチェ伝は、日本語で読むことができるものとしては、分量的には最大の伝記なのです。現在もっとも代表的なニーチェ伝と考えられているヤンツの手になる伝記〔Janz, Curt Paul, *Friedrich Nietzsche. Biographie in drei Bänden*, München, Carl Hanser, 1979, 2., revidierte Auflage, 1993）は、分厚く正確な、しかし、分量の割には情報量が少く、読み物としては面白くない作品です。おそらくそのためなのでしょう、日本語訳はありません。日本語で読むことのできるニーチェ伝の中で、信頼すべき資料に依拠し、しかももっとも大部なのは、現在のところ、リュディガー・ザフランスキーの『ニーチェ　その思考の伝記』〔山本尤訳、法政大学出版局〕かも知れません。また、ニーチェの生涯のうち『悲劇の誕生』まで、すなわち人生の前半だけを取り上げたものとして、西尾幹二『ニーチェ』〔『西尾幹二全集　第四巻』（国書刊行会）所収〕があります。月刊誌『歴史と人物』に連載されたのち、博士論文として提出されたという事実が示しているように、読みやすさと高度な内容が両立した評伝で、世界最高水準の内容を含んでいます。事実の調査に気の遠くなるようなエネルギーが費されており、日本人の手になるもので、これ以上丹念に準備されたニーチェ研究はありません。本書も、プフォルタ学院在学中のニーチェやバーゼル大学教授時代のニーチェについては、この著作に多くを負っています。

ニーチェと関係のあった人物についての文献も、いくつか日本語で読むことができます。

まず、ルー・ザロメについては、H・F・ペータースの『ルー・サロメ　愛と生涯』〔土岐恒二訳、ちくま文庫〕が標準的な伝記です。本書ではあまり触れませんでしたが、ニーチェと袂別（けつべつ）したあとの彼女の足跡、言語学者フリードリヒ＝カール・アンドレアスとの結婚、パウル・レーとの別れ、リルケやフロイトとの交流についても丁寧に記されています。なお、ルー・ザロメについては、『神をめぐる闘争』や『作品に現れたフリードリヒ・ニーチェ』を含む『ルー・ザロメ著作集』〔全五巻、別巻一巻、以文社〕が刊行されています。さらに、ニーチェ、ルー・ザロメ、パウル・レーの三人の交流の軌跡を示す資料集『ニーチェ・レー・ルー——彼等の出会いのドキュメント』〔E・プファイファー編、眞田収一郎訳、未知谷〕も日本語で読むことができます。

本書で重要な役を演じているもう一人の女性、ニーチェの妹エリーザベトについても、いくつかの文献があります。代表的な伝記としては、ルー・ザロメの伝記の著者として先に名を挙げたペータースによる伝記（PETERS, Heinz Frederick, *Zarathustra's Sister. The Case of Elisabeth and Friedrich Nietzsche*, New York, Crown, 1977）を挙げることができます。大変に面白い作品です。この著作には日本語訳（邦題『ニーチェの光と影——故郷喪失者の自由と孤独』〔河端春雄訳、啓文社〕）もありますが、残念ながら原著の雰囲気を伝える訳ではありません。ベン・マッキンタイアー『エリーザベト・ニーチェ　ニーチェをナチに売り渡した女』〔藤川芳朗訳、白水社〕は、パラグアイの「新ゲルマニア」を著者が実際に訪問した記録を含む伝記で、ペータースの伝記に具わる喜劇のようなトーンを興味本位に増幅させる試みであるように見えます。事実について若干不正確な記述が含まれていることに注意すれば、ペータースの伝記を補完する役割を果たすものとして読むことができます。

ところで、ヴァーグナーとニーチェの関係について書かれたものはあまりありません。

たしかに、ヴァーグナーの生涯についての書物を読めば、大抵ニーチェが話題になっています。しかし、ニーチェに対する悪意に満ちた、公正を欠いたものが多く、信頼するに足るものはほとんどありません。二人の出会いから別れまでの交流に関し、公平な立場から記された文献は少なく、現在のところ、日本語で読むことができるもので入手が容易なのはただ一点、ドイツの音楽家フィッシャー゠ディースカウの手になる『ワーグナーとニーチェ』(荒井秀直訳、ちくま学芸文庫)だけです。

ただし、ヴァーグナーについての情報を手に入れるのに便利な文献はいくつもあります。ヴェステルンハーゲンの『ワーグナー』(三光長治・高辻知義訳、白水社)は、一巻本のヴァーグナー伝の決定版と考えられており、ニーチェとヴァーグナーとの関係にも、比較的冷静な判断が下されています。また、三富明『ワーグナーの世紀——オペラをとおして知る19世紀の時代思潮』(中央大学出版部)は、音楽についてあまり知識のない読者を想定して、ヴァーグナーのいわゆる「音楽ドラマ」の内容の思想史的な意味を解説しています。さらに、ヴァーグナーの死後現在までのヴァーグナー家、特に反ユダヤ主義との関係については、清水多吉『ヴァーグナー家の人々　30年代バイロイトとナチズム』(中公文庫)が、簡潔な形で情報を提供してくれます。

なお、ニーチェが三十四歳まで生活の糧を得ていた古典文献学(日本では「西洋古典学」という名称の方が普通です)について、日本語で情報を入手することは容易ではありません。

というのも、ギリシア文学やラテン文学の入門書は存在しても、古典文献学の入門書というものは、欧米にもほとんど存在しないからです。一方の極に専門的に従事する研究者がおり、他方の極には、一般的な知的関心を持った、しかし古典文献学については何も知らない読者公衆がおり、両者を架橋するような試みがほとんど何もないのがこの領域の独特なところです。とはいえ、欧米でも数少い古典文献学についての啓蒙書の中に、日本語に訳されているものがあります。レイノルズとウィルソンによる『古典の継承者たち ギリシア・ラテン語テクストの伝承にみる文化史』〔西村賀子・吉武純夫訳、国文社〕がそれです。古代の文献がどのような道を辿って現代まで伝えられたのか、テクストを復元する作業としての原典批判とは何であるのかということが、古典文献学の本としては精一杯わかりやすく説明してあります。ただし、ニーチェへの言及はありません。

ニーチェの思想の意義を考える

本書のあとで、本書よりも分量の少い新書版の入門書を手に取る人はいないと思います。ニーチェの思想について新たな文献を読む必要が生じるとすれば、それは、ニーチェ理解の「初級レベル」から「中級レベル」へと進もうとするときであり、知識を増やすためであるよりもむしろ、ニーチェのアクチュアリティについて自ら考えるための手がかりを得るためであるはずだからです。

前に述べた通り、このような目的に相応しいのは、ジンメル、ハイデガー、ハーバーマスの三人の著作でしょう。ジンメル『ショーペンハウアーとニーチェ』〔吉村博次訳、白水社〕、ハイデガー『ニーチェ』〔全二巻、細谷貞雄他訳、平凡社ライブラリー〕、ハーバーマス『近代の哲学的ディスクルス』〔全二巻、三島憲一他訳、岩波書店〕は、有益です。また、本書では取り上げられなかった周縁的な論点まで万遍なく網羅した入門書として、『ニーチェを知る事典　その深淵と多面的世界』〔渡邊二郎・西尾幹二編、ちくま学芸文庫〕がありま す。もとになった著作が刊行されてからすでに三十年以上が経過しているにも拘わらず、現在でも意義を失っていません。

この他にも、ニーチェの入門書、研究書は無数にあります。有名なものにかぎっても、レーヴィット『ニーチェの永劫回帰の哲学』〔邦題『ニーチェの哲学』〔柴田治三郎訳、岩波書店〕〕、フィンク『ニーチェの哲学』〔『ニーチェ全集　別巻』所収、吉澤傳三郎訳、理想社〕、ミュラー＝ラウター『ニーチェ　矛盾の哲学』〔秋山英夫・木戸三良訳、以文社〕、ベルトラム『ニーチェ』〔全二巻、浅井真男訳、筑摩書房〕、ピヒト『ニーチェ』〔青木隆嘉訳、法政大学出版局〕、ヤスパース『ニーチェ』〔『ヤスパース選集 18』『ヤスパース選集 19』所収、草薙正夫訳、理想社〕、グラニエ『ニーチェ』〔須藤訓任訳、白水社〕、ネハマス『ニーチェ　文学的表象としての生』〔湯浅弘・堀邦雄訳、理想社〕、ダント『哲学者としてのニーチェ』〔眞田収一郎訳、風濤社〕、スターン『ニーチェ哲学の原景』〔河端春雄訳、啓文社〕、これ以外にも、日本語では読めませんが、カウフマン、シャハト、ファレル゠クレル、アンセル゠ピアソン、モレル、ブロンデル、アンドレール、ジュリッチ、アーベル、フォルクマン゠シュルック、シュテークマイアー、カウルバハなどの代表的な研究者の手になる研究書もあります。また、一九六〇年代以降、すなわち実存主義の凋落後のフランスにおける流行思想は、ニーチェに重要な位置を与えたと言われています。最近四十年ほどのフランス哲学は、時間的に見るなら、私たちにもっとも近い地点においてニーチェ解釈に影響を与えた流行思想であり、また、特色のある一群のニーチェ解釈を産み出していることは事実です。日本語で読むことのできるものとしては、ジョルジュ・バタイユ『ニーチェについて』（酒井健訳、現代思潮社）や、ピエール・クロソフスキー『ニーチェと悪循環』（兼子正勝訳、ちくま学芸文庫）などの先駆的なニーチェ論、ジル・ドゥルーズがいわゆる「差異」の哲学の観点から試みた包括的なニーチェ解釈（『ニーチェと哲学』（江川隆男訳、河出文庫）、『ニーチェ』（湯浅博雄訳、ちくま学芸文庫））、『ミシェル・フーコー思考集成』（全十巻、筑摩書房）所収の、「系譜学」との関連を中心にしたフーコーによるニーチェ論、そして、「ニーチェのさまざまな文体」という副題を持つ、しかし実際にはニーチェの女性論を主題とするジャック・デリダの『衝角』（邦題『尖鋭筆鋒の問題』（『ニーチェは、今日？』所収、森本和夫訳、ちくま学芸文庫））、あるいは、ニーチェと人権の問題との関係を取り上げた同じデリダの『耳伝』（邦題『他者の耳――デリダ「ニーチェの耳伝」、自伝、翻訳』（浜名優美、庄田常勝訳、産業図書）、デリダの影響下で成立したサラ・コフマンの『ニーチェとメタファー』（宇田川博訳、朝日出版社）などがあります。

一九六〇年代以降の、構造主義やポスト構造主義と一般に呼ばれている思想的立場に依拠する哲学者たちは、マルクス、フロイトと並びニーチェから無視しえない影響を受けたと主張しており、たしかに、彼らはニーチェを重視しています。ただし、フーコーが認め、しかも肯定的に評価しているように、彼らにとっては、ニーチェの正しい解釈など問題にならず、ニーチェの言葉を恣意的に切り取り、切り取られた断片を曲解することがニーチェを読むことの意味であり、したがって、彼らは、自らの解釈を読者と共有するために記しているのではないと考えねばならないことになります。一九六〇年代以降のフランスにおけるニーチェ熱のようなものに具わるこの恣意的な傾向は、デリダのニーチェ論のうちにその典型を見出すことができます。もちろん、これらのニーチェ解釈は、フランスのニーチェ研究において二十世紀初頭以来伝統的に採用されてきた実証的・伝記的なスタイルに対する反動であり、そのかぎりにおいて、フランス哲学の動向を知るのには役立つかも知れません。しかし、ニーチェ理解を促進するものではなく、却って有害ですらあります。すでに二十年以上前、西尾幹二氏は『ニーチェ』の「あとがき」において次のように記しています。「ドイツやフランスで毎年十点は出ている新しいニーチェ解釈を読むくらいなら——そういうものに私がいかに食傷しているかは『序論』で言いつくしたつもりだ——

私は彼が生きた当時の学問や思想の実際を勉強することの方が先だと思った。ニーチェに関する記録、証言、データ類は依然として重要だが、今さら西洋人に当世風の新しいニーチェの読み方などを案内してもらおうとは思わない。日本人の西洋研究は、彼らの観念の模写ではなく、今やわれわれ自身の手で基礎を掘り起こすべき時期にさしかかっていると私は思う」。

普通の読者にとって、ニーチェの思想についての文献を読むことはほとんど意味がありません。フランスにおいて生産されつつある解釈が示しているように、他の哲学者とは異なり、したがって、ニーチェの場合、すべての研究者が同意する共通の前提というものが欠けており、ニーチェ研究には定説というものが存在しないからです。大多数の研究者が依拠しているようなものでもあればよいのですが、ニーチェ研究の世界にはそのようなものすらありません。勢力の拮抗した候補者が乱立して、何回投票を繰り返しても誰も過半数の票をとることができない選挙に似ています。毎週少くとも一冊、世界のどこかでニーチェの研究書が出版され、この選挙に加わっているわけですから、よほど万全の準備がないかぎり、研究文献は却って有害であると言うことができます。本書の次に読むことに意味がある研究文献を強いて挙げるとすれば、ルー・ザロメのニーチェ論『作品に現れたフリードリヒ・ニーチェ』（邦題『ニーチェ――人と作品』（『ルー・ザロメ著作集　第三巻』所収、原佑訳、以文社））と、私の著作『岐路に立つニーチェ――二つのペシミズムの間で――』

〈法政大学出版局〉の二点に尽きるように思われます。

※　この読書案内を超える範囲とレベルの文献の若干は、先に挙げた『ニーチェを知る事典』〈ちくま学芸文庫〉の巻末に付された「読書案内――ニーチェをさらに知るために」〈清水真木〉に掲げられています

二〇〇〇年八月、ニーチェ死後百年を記念し、ニーチェの書誌がドイツで刊行されました。私は、ニーチェの著作の日本語訳の部分の編集に協力し、調査の過程で、翻訳という経路によるニーチェの受容のさまざまな形態を知る機会を持ちました。私たちは、日本において日本人としてニーチェを読まざるをえません。あらゆる制約から自由になって、無国籍的な態度でニーチェに接近することは不可能です。それゆえ、日本および日本人にとってニーチェとは……、この問に答えることは、私たちにとって一つの課題となります。

そして、そのための手がかりを与えてくれる一つの訳書を日本が産み出していたことを私は知りました。一九二一（大正十）年に、星文館書店から出版された『如是経　序品　原名つあらとうすとら　訳名　光炎菩薩大師子吼経』（装幀　岸田劉生）という書物がそれです。これは、『ツァラトゥストラはこう語った』の冒頭にある「ツァラトゥストラの序説」の日本語訳です。しかし、これは単なる訳ではありません。訳者の登張信一郎（竹風）（一八七三～一九五五年）は、「解題」において、「最も大胆に思ひ切つて、東洋式・

就中純仏教ぶりに飜へしました」と語っています。特に「光炎菩薩大師子吼経」という表題については、「読者諸君の中には、或は眼を瞬って驚かる方があるかも知れません」と言い、その事情を説明します。登張によれば、「ニーチエ先生」の言う「超人」は「仏」であり、「ニイチエ先生の愛児・理想児」である「ツアーラトフーストラ」は「菩薩」です。特にツァラトゥストラは、「光明」に関係のある菩薩であるから、華厳経の中の「浄慧光炎自在王菩薩」の名が適当であろうと考えたと登張は言います。登張による訳註は、「です・ます」体の口語文で、小さな活字で印刷されています。これに対し、訳文そのものは、文語文になっており、大きな活字が用いられています。訳文の冒頭の一節は、次のように始まります。「光炎菩薩、御齢三十にして、その故郷を去り、故郷の湖辺を去りて、遠く山に入りたまへり。山に住して禅定に入り、孤独寂莫を楽しみたまふこと、茲に十年なるに、未だ曾て倦みたまふことなかりき。十年の後、心機遂に一転、某の朝、曙光を仰いで起ち、昇る大日輪を仰いで、語つて曰く、……」。

たしかに、これは奇妙な訳です。ニーチェの日本語訳のうち、文語体で訳されたのはこれだけです。しかし、研究者としては決して一流ではなかった登張信一郎のような存在は、日本にしか生れなかったものであることは間違いなく、「ニーチエ先生」の受容について一つの態度、一つの可能性を示しているように思われます。

エピローグ——新しき海から

私がニーチェを本格的に読み始めてから十二年が過ぎました。この十二年間のうち、少くとも博士論文を完成させ（一九九八年）、『岐路に立つニーチェ——二つのペシミズムの間で——』〔法政大学出版局、一九九九年〕として出版するまでは、可能なかぎり広い範囲にわたってニーチェの研究文献や入門書を集めて目を通すよう心がけていました。もちろん、私の目に触れたものの中には、部分的には有益なものもないことはありませんでした。しかし、幸か不幸か、私が見たかぎりの文献の中には、全体として同意しうるような解釈を含むものは一つもありませんでした。研究者というのが、他人の見解に満足せず、自分独自の見解を持ち、これを合理的に表明する存在であるとするなら、私は、自らが納得できる解釈に出会わなかったからこそ、ニーチェの研究者であり続けたと言うことができるのでしょう。私が妥当であると認められる解釈、それを手がかりにすればニーチェを読むことが格段に楽しくなるような解釈に出会っていたなら、私は今日までニーチェにしがみついてはいなかったでしょう。

ところが、世の中には不思議な人々がいるものです。私がニーチェを専門にしているということを知ると、「ニーチェの入門書は何を読めばよいでしょうか」とすかさず尋ねる人が多いのです。自分以前のすべての解釈が不満で、これらをすべて紙屑にしてしまおうと思っているからこそ、ニーチェについて論文や本を書いているというのに……。かつて恩師の渡邊二郎先生（ニーチェと同じ十月十五日生れ）は、私の論文について、「君は他人の書いたものに言及するときには文句しか言わない」と言われたことがありました。たしかに、批判するためだけに他人の解釈に言及するというのは、読んでいて楽しいものではないかも知れません。しかし、文句を言うことがなくなれば、研究者としての存在理由がなくなることもまた確かなことでした。

最初のうち、私は入門書を推薦、紹介してくれという失敬な依頼に呆れていました。私は、「そういう入門書はありません、私がお勧めできるのは私の本だけです」と答えることにしていました。しかし、私は次第に、誰かが背後でそのような質問をするよう唆（そその）かしていて、私をわざと苛立たせようとしているのではないかしら、などとすら考えるようになりました。もはや、自分自身で入門書を書くべき時が来ていました。

本書の特徴は、前提としているものが少いという点にあります。仲間うちでしか通用しないような、検証されていない前提を多く含む解釈を斥けることが私の務めだと考えました。そのために、使うことを敢えて避けた言葉もあります。前に挙げた博士論文では、「ニヒリズム」という言葉を一度も使いませんでした。今回は、ことによるとお気づきかも知れませんが、「生の肯定」という表現を一度も使いませんでした。「生」という言葉も、ニーチェからの引用以外では使われていません。さらに、「ディオニュソス的」という言葉も極力使わないようにしました。もちろん、このエピローグまで読み進められれば、「生の肯定」の何を意味するかは明瞭であるはずです。しかし、こうした表現の意味が最初から前提とされ、「権力への意志」や「永劫回帰」や「超人」や「価値転換」などの言葉がニーチェの著作に見られるよりもはるかに高い密度でページの上を我が物顔で闊歩していたら、普通、読んでやろうという気分は失せてしまうのではないでしょうか。

そもそも、従来のニーチェ解釈というのは、ニーチェの言葉に無理矢理深みを与えて何かを引き出そうとするような、濃厚でしつこい味つけの、焼くと脂が滴り落ち、モウモウと煙が出るような「脂っこい」解釈が普通でした。例えば、ニーチェを一種の「存在論」として読む試み（グラニエ）や、万物のあり方は、ニーチェによって、一方において権力への意志として、他方において永劫回帰として、すなわち、二つの矛盾する仕方で規定されているという指摘（ハイデガー）、ニーチェの四つの根本概念が中世哲学の四つの「超越概念」に対応しているという見解（フィンク）、あるいは、ディオニュソス的なものとアポロン的なものは、ショーペンハウアーの意志と表象という対概念に対応しているという考え方や、永劫回帰の着想はスピノザから得られたものであるという主張……、こうした不自然な「脂っこい」ニーチェが本当のニーチェであるとはどうしても思われませんでし

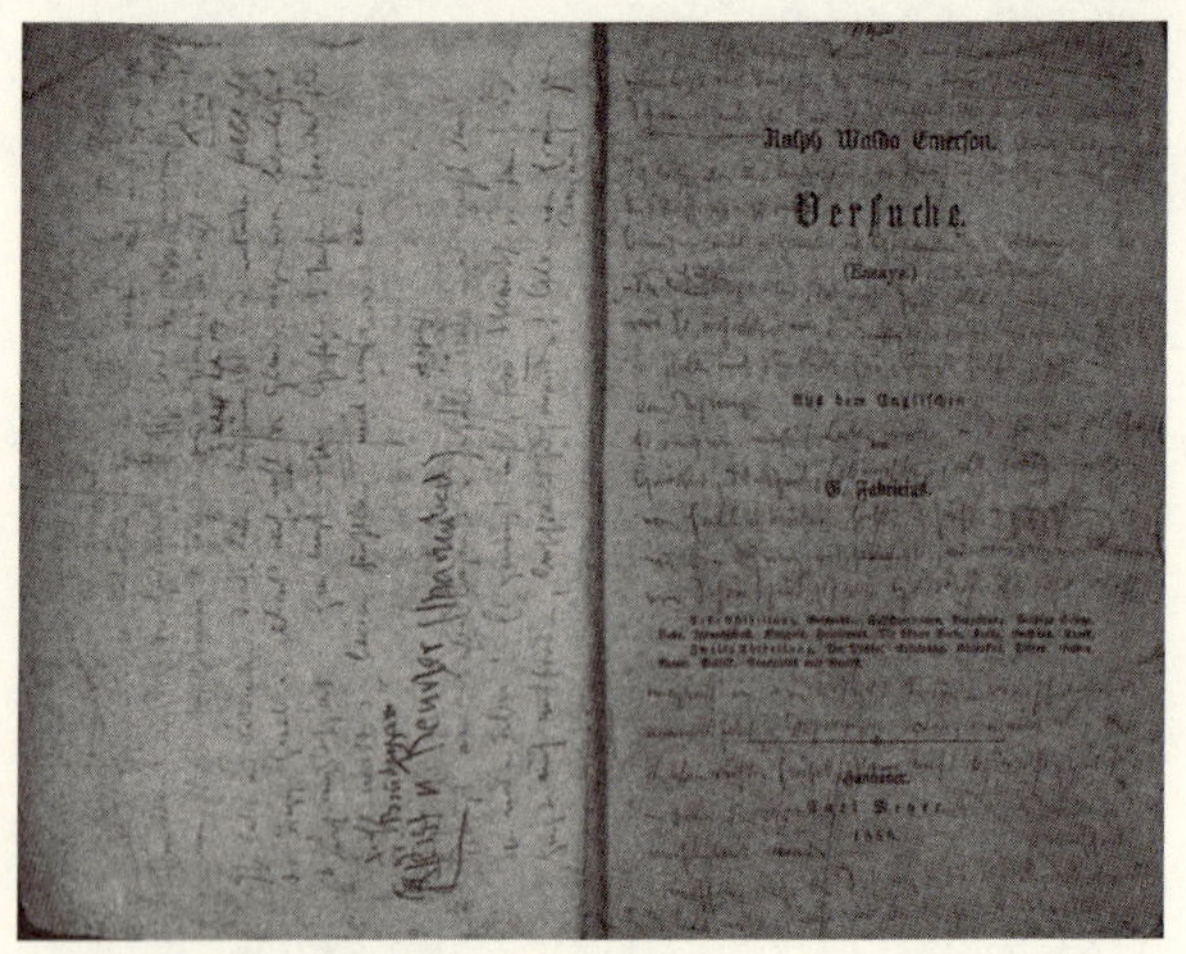
Ralph Waldo Emerson.

Versuche.

(Essays)

Aus dem Englischen

von

G. Fabricius.

Hannover.

Carl Meyer.

エマソンのドイツ語訳（ニーチェの蔵書）
ニーチェによる書き込みがある

た。私には、ニーチェという哲学者がむしろ「アッサリした」、単純で素直な見解の持ち主であるように思われてなりませんでした。

多くの人は、ニーチェがドイツ的な深みや、思想を巧みに分類し、整理し、体系化する器用さを具えていると誤解しています。しかし、本書では言及しませんでしたが、ニーチェが好んで読んでいたのが、エマソン（一八〇三〜一八八二年）であり、スタンダールであり、ゴットフリート・ケラー（一八一九〜一八九〇年）であったことを考慮するなら、ニーチェは、鋭敏であり、根本的な問題にはおおむね適切な表現を与える能力を具えており、しかも問題の追究に関しては大抵の場合徹底的ではあっても、深遠や器用という性質は欠けていたと考えねばなりません。

本書によって到達することができるのは、ニーチェの思想の入口までです。ニーチェの思想にも複雑な細部はあり、多様な論点についての意見表明もあります。こうしたことについてのニーチェ自身の言葉を読んで行く場合、本書がその助けになることを願っています。

ニーチェの「新しき海」、本書が海図を描くことを目指してきた「新しき海」、私たち一人ひとりの目の前に広がっているはずの「新しき海」、それは、自らの本能の健康状態を知り、位階秩序の中での自らの位置を知り、周囲の人間や事物に対して取るべき態度を知り、自らの運命と課題を知る、このような試みの結果、新たな光に照らされ相貌が一変することになった私たち一人ひとりの日常生活に他なりません。本書が、自分自身の位置を確かめながらこの新しき海へと船出する際に海図として役立つことを期待しています。

本書の出版に際しては、執筆をお勧め下さった講談社の稲吉稔(いなよしみのる)氏、編集の実務を担当して下さった同じく講談社の所澤淳(しょざわじゅん)氏に大変お世話になりました。ここに記し感謝の意を表します。

ちくま学芸文庫版のためのあとがき

二〇〇二（平成十四）年の秋の終わりから翌年の春にかけて、私は、自由になる時間のすべてを費やし、ある原稿の執筆に携わっていた。原稿は、完成してからおよそ半年ののち、二〇〇三年九月に一冊の書物となり、『知の教科書　ニーチェ』（講談社選書メチエ）として世に送り出された。私の二番目の単著である。

それから十五年を経て、この書物は、表題を『ニーチェ入門』へとあらため、今度は「ちくま学芸文庫」の一冊として新しい生命を与えられることになった。この「あとがき」は、『ニーチェ入門』のために執筆されたものである。

これは、ニーチェの哲学の枠組を簡潔な形で示す書物であり、ニーチェに関し立ち入った知識を持たぬ読者のための入門書である。つまり、ニーチェの「生活と意見」（life and opinions）の全体を、言葉のもっともゆるやかな意味における「体系」として提示しながら、その細部を遠望することがこの書物の第一の目標である。

『知の教科書　ニーチェ』は、私にとり、いくつもの意味において特別に大切な書物である。私は、この大切な書物をふたたび読者に差し出す機会が与えられたことに感慨を覚えるとともに、『知の教科書 ニーチェ』および『ニーチェ入門』の執筆と公刊に関連して想起されるすべての人々とすべての事柄に対し感謝の念を抱いている。

なお、再刊にあたり、全体を見直したが、どうしても手を入れなければならない箇所は見当たらなかった。見出しと本文について若干の字句の修正が施され、読書案内が増補されたけれども、これらを除き、『ニーチェ入門』と『知の教科書 ニーチェ』のあいだに違いはない。

二十一世紀になり、ニーチェに関する専門的な研究は、その環境について若干の変化を経験した。たとえば、一次資料の整理、公表が進んだ。また、その一部がインターネットで公開され、情報へのアクセスが容易になった。さらに、アメリカ、ヨーロッパを中心として研究者のあいだのネットワークが拡大し、「学会」「協会」「研究会」などが各地に乱立するとともに、世界各地で産み出される研究業績の量が増加した……。ただ、これらはいずれも、ニーチェのみに認められる変化というよりも、むしろ、専門的な哲学研究全体に共通の変化であるに違いない。

ニーチェ研究に固有の重要な変化があるとするなら、それは、次の点に尽きるように思われる。すなわち、一九九〇年代以降、旧ドイツ民主共和国（旧東ドイツ）に属する地域に眠っていた多量の文書が整理、公表されて洪水のように私たちのもとに押し寄せ、おそらくこれが刺戟となったのであろう、主にドイツ語圏において、哲学的というよりもむしろ「文献学的」な研究、つまり、新しいニーチェ解釈を提案するのではなく、ニーチェに関する「事実」を明らかにするタイプの研究が目立つようになった点である。

ニーチェに関する研究文献は、以前から、哲学の他の分野とくらべて際立って多く、また多様であった。ニーチェの専門的な研究は、この意味において、つねに混沌によって支配されてきた。しかし、最近は、右のような事情のせいで、日本でも外国でも、その生産量をさらに増加させている。このかぎりにおいて、ニーチェ研究は活発であると言えないことはない。


ところで、わが国は、世界でもっともニーチェが読まれてきた国の一つである。ニーチェの名がこれほど広い範囲で知られ、ニーチェの著作が、深刻な批判や拒絶反応を惹き起こすことなく好意をもって迎えられ、そして、繰り返し翻訳され流通している国は、他にはない。日本人は、なぜかニーチェが大好きであるらしい。

また、現在では、研究業績の生産量、および、業績の相対的な「品質」に関するかぎり、わが国の「ニーチェ業界」は、過去のいずれの時代も知らなかった高い水準に到達したように見える。これらは、ある意味では悦ばしい事実である。

とはいえ、不思議なことに、高い生産性を獲得したはずの専門的な研究は、少なくともこれまでのところ、知的公衆のニーチェへの愛から遠く距たっているように見える。「グローバル化」が進行したせいなのであろう、最近は、「海外の最新の研究動向」「最前線」なるものに必要以上に敏感に反応する研究者が少なくない。彼ら／彼女らは、わが国に対しなぜかニーチェ研究の「周縁」の位置を与え、みずからが「中心」として想定するヨーロッパとアメリカの研究動向を追いかけることに大きな意義を認める。しかし、みずからを「周縁」と規定するかぎり、彼ら／彼女らにとり、「中心」なるものへの自発的な追従がただ一つの選択肢とならざるをえない。当然、彼ら／彼女らのまなざしの先にあるのは、この「中心」であり、ニーチェを愛するわが国の知的公衆の姿をそこに見出すことはできないことになる。

たしかに、自然科学や社会科学の研究者にとっては、みずからの専門分野の研究動向を観察し、熟知し、この動向に参入してその当事者となることは、研究活動の不可欠の一部をなす。自然科学や社会科学の研究は、この意味において、否応なく「ジャーナリスティック」なものとならざるをえない。

これに反し、人文科学、特に哲学の場合、研究成果のアクチュアリティと「研究動向」のあいだに必然的な関係は認められない。人文科学に関するかぎり、研究動向を追いかけることは、価値ある研究成果を産み出すための必要条件ではないのである。これは、人文科学を他の研究領域から区別する大きな特徴の一つである。

最近のニーチェ研究者は、知的公衆に対する「贈与」への意欲に乏しいように見える。ヨーロッパとアメリカの最新の研究成果を追いかける「ジャーナリスティック」な態度が支配的になり、哲学界が全体として同時代の文化的生産の平面から退却して自己完結へと向かいつつあるからなのであろう。これは、日本文化の不幸であり、私は、この点についてひそかに懸念を抱いている。

ニーチェを読むことの意義は、何よりもまず、著者とともに思索し、さらに、可能であるなら、著者とともに「生きる」ことにある。ニーチェの専門的な研究の本来の、そして最終的な課題もまた、この同じ点、つまり、思索を手がかりとする生存の充実——哲学を「生きる」こと——に求められねばならないはずである。私は、『ニーチェ入門』がこの課題の実現のためのきっかけになることを強く願っている。

本書の出版に際しては、筑摩書房の海老原勇氏に大変にお世話になりました。ここに記し、深い感謝の意を表します。

二〇一七年十一月

清水　真木

ニーチェの軌跡

一八四四年　〇歳――十月十五日、ザクセン州レッケンの牧師館で、牧師カール＝ルートヴィヒ・ニーチェの長男として生れる。「……私自身は、この王〔フリードリヒ＝ヴィルヘルム四世〕の誕生日、つまり十月十五日に生れたので、当たり前のことのようにフリードリヒ＝ヴィルヘルムというホーエンツォレルンの名前をもらった。少くとも、この日が選ばれたことには一つの利点があった。子供のころにはずっと、私の誕生日は祝日になっていたのだ……」（『この人を見よ』、「なぜ私はこれほど賢いのか」三（旧））。

一八四六年　二歳――七月、妹エリーザベト生れる。

一八四八年　四歳――三月革命。

一八四九年　五歳――七月、父カール＝ルートヴィヒ、脳軟化症のため三十五歳で世を去る。「彼〔父〕は繊細で愛想よく、か弱い感じで、あらかじめ決った人生を通り過ぎるためだけに生れてきた人間のようであり――人生そのものであるよりも、むしろ、その人生を懐しく思い出させるために存在している人のようであった」（『この人を見よ』、「なぜ私はこれほど賢いのか」一）。パウル・レー、プロイセン東部ポメルン州のバルテルスハーゲンで、ユダヤ人の地主の次男として生れる。
一八五〇年　六歳――四月、一家でレッケンを離れ、ザーレ河畔のナウムブルクに移る。
一八五五年　十一歳――ナウムブルク聖堂附属ギムナジウムに入学。キルケゴール死去（四十二歳）。ペーター・ガスト（本名ハインリヒ・ケーゼリッツ）生れる。
一八五六年　十二歳――フロイト生れる。
一八五八年　十四歳――十月、プフォルタ学院に編入学。ジンメル生れる。
一八五九年　十五歳――チャールズ・ダーウィン『種の起源』公刊。デューウィ、フッサール、ベルクソン生れる。
一八六〇年　十六歳――ショーペンハウアー死去（七十二歳）。ブルクハルト『イタリア・ルネサンスの文化』公刊。
一八六一年　十七歳――ルー・ザロメ、ロシアのペテルブルクに生れる。
一八六四年　二十歳――十月、プフォルタ学院を卒業し、ボン大学に入学。
一八六五年　二十一歳――十月、ライプツィヒ大学に移る。エルヴィーン・ローデと知り合う。このころ、ショーペンハウアーを初めて読む。リープマン『カントと亜流者たち』公刊。
一八六六年　二十二歳――「文献学協会」を設立。リッチュルに才能を認められる。
一八六七年　二十三歳――「ディオゲネス・ラエルティオスの典拠について」執筆。秋以降、ナウムブルクで兵役に就く。マルクス『資本論』第一巻公刊。
一八六八年　二十四歳――二月、訓練中に落馬して負傷。十一月、ライプツィヒで初めてヴァーグナーに会う。

一八六九年　二十五歳――四月、バーゼル大学員外教授に就任。ブルクハルトと知り合う。「……あなたが触れておられますもう一つの点〔国籍〕について、私はながいあいだ考えてみました。しかし、結局、私はプロイセンの居住権を放棄しなければならないだろうと思います。と申しますのも、平時の兵役のための召集については、その都度巧みに異議を申し立てることができたといたしましても、戦争という運命的な可能性に対しては抵抗する術がないからです……」（一八六九年三月七日附、バーゼル市参事会員ヴィルヘルム・フィッシャー＝ビルフィンガー宛）。五月、就任講演「ホメロスの人格について」。トリプシェンのヴァーグナー邸を初めて訪問。これ以後、頻繁に通うようになる。「……ところで、僕にも僕のイタリアがあるのだ。君と同じように。もっとも、いつも土曜と日曜にならないとそこに逃げ込めないんだが。それは、トリプシェンという名前で、僕にはもうすっかりお馴染みの場所なのだ。最近立て続けに四回もそこへ行った。そして、それに加えて、ほとんど毎週、手紙も一通同じ道を飛んで行くのだ……」（一八六九年九月三日附、エルヴィーン・ローデ宛）。

一八七〇年　二十六歳――四月、正教授に昇任。フランツ・オーヴァーベックがバーゼル大学に着任。同じ下宿に住んでいたニーチェと知り合う。八月、普仏戦争に看護兵として従軍し、赤痢とジフテリアに同時に感染。

一八七一年　二十七歳――三月、療養先のルガノで「悲劇の起源と目標」執筆。四月以降、ヴァーグナーの意見を容れた修正に携わる。七月、『ソクラテスとギリシア悲劇』を印刷し配布。

一八七二年　二十八歳――一月、『音楽の精神からの悲劇の誕生』公刊。二月以降、バーゼル大学で連続講演『私たちの教養施設の将来について』を行い、好評を博す。五月二十二日、ヴァーグナーの五十九歳の誕生日にバイロイトで行われた祝祭劇場の起工式に出席。冬、『ギリシア人の悲劇的時代における哲学』執筆。「……この原稿は哲学的な事柄を扱っていて、私がかなり愛着をもって仕事をしてきたものなのです。ギリシア人の悲劇的時代（つまり六世紀と五世紀という意味です）に生きたすべての偉大な哲学者たちがこの中に登場します。そもそも、ギリシア人たちがあの時代に哲学に携わったというのは、とても奇妙なことです……」（一八七三年二月末、マルヴィーダ・フォン・マイゼンブーク宛）。

一八七三年　二十九歳――六月、「道徳外の意味における真理と虚偽について」執筆。このころ、パウル・レー、バーゼルにニーチェを訪問し、二人の交流が始まる。八月、『反時代的考察第一篇　信仰告白家にして著述家ダーフィト・シュトラウス』公刊。

一八七四年　三十歳――二月、『反時代的考察第二篇　生に対する歴史の利害について』公刊。十月、『反時代的考察第三篇　教育者としてのショーペンハウアー』公刊。

一八七五年　三十一歳――十月、ペーター・ガスト、学生としてバーゼル大学に登録、ニーチェと知り合う。
ダーフィト・シュトラウス死去（六十六歳）。

一八七六年　三十二歳――七月、『反時代的考察第四篇　バイロイトにおけるリヒャルト・ヴァーグナー』公刊。八月、第一回バイロイト音楽祭に出席し、幻滅を味わう。
「……もうこれで十分であった。私はその〔ルートヴィヒ二世のための総試演の〕最中に、一人の魅力的なパリの女性が私を慰めようとしたにも拘わらず、まことに唐突なことではあったが、数週間の予定で旅に出ることにしたのである……」（『この人を見よ』、「なぜ私はこれほどよい本を書くのか」、「人間的な、あまりに人間的な」二）。十月、体調が悪化したため、バーゼル大学を休職し、パウル・レーとともにソレントにあるマイゼンブークの別荘に冬のあいだ滞在。このとき、旅行中のリヒャルト・ヴァーグナーと最後の会見。ヴァーグナーからキリスト教への帰依を告げられ、幻滅が決定的なものになる。リッチュル死去（七十歳）。

一八七七年　三十三歳――六月、パウル・レー『道徳感覚の起源』公刊。

一八七八年　三十四歳――一月、ヴァーグナーから『パルジファル』の台本を贈られる。四月、『人間的な、あまりに人間的な　自由なる精神のための書物』公刊、ヴァーグナーに贈る。ヴァーグナーおよびバイロイトと決定的に決裂。

一八七九年　三十五歳――三月、『さまざまな意見と箴言』公刊。六月、十年間在職したバーゼル大学を健康上の理由で去る。九月、ナウムブルクに戻り療養。健康状態が極度に悪化。「今の私にとりまして、文字を書くということは、禁断の実の一つになっておりますが、それにも拘わらず、姉のように愛しまた尊敬するあなたには、もう一通、私からの手紙を受け取っていただかなくてはなりません。——とはいえ、おそらくこれが最後の手紙となることでしょう。つまり、私の命の、恐ろしい、ほとんど絶え間のない拷問によって、私は最期を渇望するところへと追い込まれているのです。いくつかの兆候から推しますと、脳溢血が救済のために私の間近に迫っているようですから、私は、自分の最期が参りますのを期待してもよいわけです……」（一八八〇年一月十四日附、マルヴィーダ・フォン・マイゼンブーク宛）。十二月、『漂泊者とその影』公刊。

一八八〇年　三十六歳——五月、訪問先のヴェネチアで「ヴェネチアの影」成立。七月、マリーエンバートに滞在。「……私は療養の客の中ではもっとも慎ましい人間として、お忍びで（incognito）暮らしています。訪問客名簿の中では、私は『ニーチェ先生殿』と書かれています……」（一八八〇年八月二十日附、ペーター・ガスト宛）。

一八八一年　三十七歳——七月、『曙光　道徳的先入見についての思想』公刊。シルス・マリアを偶然発見。「……ある晩のこと、僕は一人のエンガディーンの若者と一緒に旅をしたのだが、その若者は、親身になって僕のために心配してくれて、死ぬまですわっていたくなるような静かな場所を僕のために探し出してくれたのだ。しかし、エンガディーンの夏はとても短くて、僕は九月末にはまたジェノヴァに戻ることになる。……僕がこれほど落ち着いていたことはなかったし、山も森も湖も草原も、まるで僕のためにできているみたいだ。……その場所はシルス・マリアと言うのだ。お願いだから、僕の友だちや知り合いにはこの名前は秘密にしておいてほしい。誰にも訪ねてきてほしくないんだ。手紙をくれるときは、次の住所に送ってもらえないか。『シルヴァプラーナ（エンガディーン）、スイス・局留め』」（一八八一年七月七日附、妹エリーザベト宛）。八月上旬、永劫回帰のアイディアを得る。「……私はあの日、シルヴァプラーナ湖のほとりを、森の中を通って歩いていた。スールレイの近くにある、力強くピラミッド型に聳え立つ一つの岩塊のもとで私は立ち止まった。そのとき、この思想が私のところに訪れたのだ……」（『この人を見よ』、「なぜ私はこれほどよい本を書くのか」、「ツァラトゥストラはこう語った」一）。

一八八二年　三十八歳

——三月、シチリアに旅行。「……本当に、私が先週ほど上機嫌だったことはこれまで一度もありませんでした。そして、私が新しく同じ街に住むことになった市民たちは、私のことを、親切な仕方で甘やかし堕落させつつあります。もしかすると、誰かが私のあとをつけて旅をしてきて、私のために人々を買収しているのではないでしょうか……」（一八八二年四月八日とお伝え下さい。もしそのようなことに意味があればの話ですが。私はそうした類の魂の持ち主がほしくてたまらないのです。私は近々そうした魂の持ち主を生け捕りに行くつもりです」（一八八二年三月二十一日附、パウル・レー宛）。四月、ローマでルー・ザロメと知り合う。五月、ルツェルンのライオン記念碑の前でルー・ザロメに求婚し、即座に拒絶される。八月、タウテンブルクでルー・ザロメと共同生活。「愛するルーへ。哲学的な体系をその哲学の創始者の個人的な行為に還元するあなたの考えは、まさしく『兄妹の頭脳』に由来する考えです。私自身、バーゼルで、この意味において古代哲学について話したことがあり……」（一八八二年九月十六日ごろ、ルー・ザロメ宛）。九月、『悦ばしき知識』公刊。十月、ライプツィヒで、ツェルナー主宰の降霊術の集会に出席。十一月、ルー・ザロメおよびパウル・レーとの関係が終わる。ダーウィン死去（七十三歳）。

一八八三年　三十九歳――二月、ジェノヴァで『ツァラトゥストラはこう語った　誰でも読めるが誰にもわからない書物』第一部の執筆に着手。約十日後の二月十三日、完成させる。その同じ日、リヒャルト・ヴァーグナー、ヴェネチアで死去（六十九歳）。八月、『ツァラトゥストラはこう語った』第一部公刊。十二月、『ツァラトゥストラはこう語った』第二部公刊。

一八八四年　四十歳――四月、『ツァラトゥストラはこう語った』第三部公刊。このころから、一八七四年以来ニーチェの著作を出版してきたシュマイツナー書店との関係が悪化。十月、チューリヒでゴットフリート・ケラーを訪問。森鷗外、ベルリンに到着。

一八八五年　四十一歳――五月、『ツァラトゥストラはこう語った』第四部を四十五部だけ印刷。五月二十二日（ヴァーグナーの誕生日）、妹エリーザベト、ベルンハルト・フェルスターと結婚。秋以降、新しい計画にもとづく著作活動を開始。

一八八六年　四十二歳――一月、妹エリーザベト、夫とともにパラグアイに出発。六月、旅行中に立ち寄ったライプツィヒでフリッチュ書店の経営者エルンスト＝ヴィルヘルム・フリッチュに偶然再会。シュマイツナー書店との交渉を委ねる。八月、『善悪の彼岸　来たるべき時代の哲学の序曲』をライプツィヒのナウマン社から自費で公刊。これ以後、新たに公刊される哲学的著作はすべてナウマン社からの自費出版となる。フリッチュがニーチェの著作の版権と在庫をシュマイツナーから買い取ることに決る。九月、新しい序文が附された旧著の刊行が始まる。

一八八七年　四十三歳――二月下旬、滞在中のニースで大地震に見舞われる。「愛するお母さんへ、私たちの地震の知らせで不安になられたのではと思い、安心していただけるようなことを一言だけ申します。外国人の大半が取り乱してしまったことは確かです。しかし、あなたの年老いた息子はそうはなりませんでした。昨晩二時か三時ごろ、私は、街じゅうをちょっと一回りして調べてみました。私は特に、私のよく知っているホテルに行ってみましたが、そのうちのあるものは大きな被害を受けていました。そこに泊まっている人々は、身を切るような寒い夜を屋外で、ベンチの上や辻馬車の中でゴロゴロに着込んで横になって過ごしていました。夕暮れどき、私はパンシオン・ドゥ・ジュネーヴで食事をしました。もちろん屋外でです。神経系が混乱した人々ばかりがいますが、年老いた牧師夫人は例外で、彼女は私と同じように上機嫌でした。ニースにとって、これは大きな打撃です。シーズンは突然終わってしまいました……」（一八八七年二月二十四日附、母フランツィスカ宛）。十月、ルー・ザロメの詩「生への祈り」のための作曲『生への讃歌』公刊。十一月、『道徳の系譜学について　論争の書』公刊。このころから、ブランデスやテーヌとの文通始まる。テーヌの評価についての意見の相違からローデと絶交。

一八八八年　四十四歳――五月、トリノを初めて訪問、大いに気に入る。「あなたはトリノを御存知ですか。これは、私の心に適った都市です。それどころか、私の心に適った唯一の都市ですらあります……」（一八八八年四月十四日附、カール・フックス宛）。九月、一八八五年秋以来執筆を試みていた啓蒙的著作の構想を最終的に放棄し、『偶像の黄昏』を編集、続いて『反キリスト者』を執筆。九月下旬、『ヴァーグナーの場合　音楽師の問題』公刊。十月十五日、四十四歳の誕生日を期して自伝『この人を見よ』の執筆に着手。フリッチュ書店が刊行する雑誌に『ヴァーグナーの場合』に関する悪意に満ちた書評が掲載されたことをきっかけに、フリッチュとの関係が悪化。十一月から十二月にかけて、印刷中の著作の校正と並行して『ニーチェ対ヴァーグナー』および『ディオニュソス頌歌』を編集。マルヴィーダ・フォン・マイゼンブークと絶交。

一八八九年　四十五歳――一月二日、『ニーチェ対ヴァーグナー』の刊行中止を電報でナウマン社に通知。同日、『ディオニュソス頌歌』の原稿完成。翌一月三日ごろトリノで発狂。いわゆる「狂気の紙片」が知人や友人に大量に送られる。「……結局のところ、私は、神などであるよりもバーゼルの教授である方がはるかによかったと思っております。しかし、私は、自分の私的なエゴイズムを、そのために世界の創造を放棄してしまうほどまでに敢えて押し通すことはいたしませんでした……」（一八八九年一月六日附、ヤーコプ・ブルクハルト宛）。一月十日、オーヴァーベックによってトリノからバーゼルに連れ戻され、フリードマット療養所に入院。一月十七日、母フランツィスカの希望により、イェーナ大学附属病院に転院。これ以後、彼女が法定後見人として著作権を管理する。一月下旬、『偶像の黄昏　あるいはいかにしてハンマーで哲学するか』公刊。売れ行きは好調。ヴィトゲンシュタイン、ハイデガー、マルセル、和辻哲郎、ヒトラー生れる。森鷗外、ドイツを離れる。ベルクソン『意識の直接的与件についての試論』公刊。

一八九〇年　四十六歳――五月、イェーナ大学附属病院を退院。これ以後、母の死まで、ナウムブルクで母の介護のもとで生活。エリーザベトの夫ベルンハルト・フェルスター、パラグアイで自殺。

一八九三年　四十九歳――ペーター・ガスト、最初のニーチェ著作集（いわゆる「ガスト版」）を企画、全八巻の予定で刊行開始。九月、妹エリーザベト、パラグアイから最終的に帰国。

一八九四年　五十歳――一月、エリーザベト、ガスト版著作集の刊行を五巻で中止させる。また、ナウムブルクに「ニーチェ・アルヒーフ」を設立。ルー・ザロメ『作品に現れたフリードリヒ・ニーチェ』公刊。七月、フリッツ・ケーゲルを責任編集者とする新しい全集（いわゆる「ケーゲル版」）の刊行開始。

一八九五年　五十一歳――ケーゲル版全集の中で『ニーチェ対ヴァーグナー』および『反キリスト者』が公表される。十二月、エリーザベト、ろくでもないことが起こると言って抵抗していた母フランツィスカからニーチェの著作権を買い取る。

一八九六年　五十二歳――エリーザベト、「ニーチェ・アルヒーフ」をヴァイマールに移す。

一八九七年　五十三歳――四月、ニーチェ、ヴァイマールのニーチェ・アルヒーフに移される。同月、母フランツィスカ死去（七十一歳）。ケーゲル版全集、エリーザベトとケーゲルの関係悪化で十二巻をもって刊行中止。

一八九九年　五十五歳――新しいニーチェ全集（いわゆる「グロースオクターフ版」）刊行開始。

一九〇〇年　　八月二十五日午前、ニーチェ、肺炎のため五十五歳と十ヶ月の生涯を閉じる。二十八日、故郷レッケンの墓地に埋葬される。なお、オーヴァーベックは一連の行事には出席せず。フッサール『論理学研究　第一巻』公刊。

一九〇一年　ジンメル『貨幣の哲学』公刊。

一九〇五年　『権力への意志』初版公刊。十月、パウル・レー、スイス東南部の寒村で自殺（五十二歳）。レーはこの村で医者として働いていた。

一九〇六年　フランツ・オーヴァーベック死去（六十八歳）。

一九〇八年　エリーザベトが編集に参加し、大幅に増訂された『権力への意志』公刊。『この人を見よ　いかにして人は本来の自分になるか』公刊。ニーチェ・アルヒーフ、財団法人化。

一九一三年　グロースオクターフ版全集、全十九巻で一応完結。

一九一八年　ペーター・ガスト死去（六十三歳）。第一次世界大戦終結。

一九三〇年　コージマ・ヴァーグナー死去（九十二歳）。

一九三三年　ヒトラー、首相に就任。

一九三四年　厳密な校訂作業にもとづく『歴史的・批判的全集』刊行開始。

一九三五年　エリーザベト死去（八十九歳）。

一九三七年　ルー・ザロメ死去（七十五歳）。これで、ニーチェと交流のあった主要な人物はすべて世を去る。このころ、エリーザベトによる書簡の偽造が確認される。

一九四二年　『歴史的・批判的全集』、戦争激化のため、著作篇五巻、書簡篇四巻を刊行して刊行中止。

一九五一年　偽書『私の妹と私』、アメリカで公刊。

一九五四年　カール・シュレヒタ、自らが編集したニーチェ選集（いわゆる「シュレヒタ版」）において、エリーザベトによる書簡の偽造と『権力への意志』の捏造を暴露。

一九六七年　ジョルジョ・コッリとマッツィーノ・モンティナーリの編集による『批判的ニーチェ全集』（いわゆる「グロイター版」）の刊行開始。

一九六八年　ペーター・ガストの遺品の中から、妹が破棄した『この人を見よ』のニーチェによる最後の修正の指示の写しが発見される。

マ　行

ヤ　行

ラ　行

ナ　行

ハ　行

サ　行

タ　行

索　引

ア　行

カ　行

本書は二〇〇三年九月十日、講談社より『知の教科書　ニーチェ』として刊行された。文庫化にあたり、タイトルを改めた。

ちくま学芸文庫

ニーチェ入門（にゅうもん）

二〇一八年一月十日　第一刷発行
二〇二四年六月十日　第二刷発行

著者　清水真木（しみず・まき）
発行者　喜入冬子
発行所　株式会社　筑摩書房
東京都台東区蔵前二―五―三　〒一一一―八七五五
電話番号　〇三―五六八七―二六〇一（代表）
装幀者　安野光雅
印刷所　星野精版印刷株式会社
製本所　株式会社積信堂

ISBN978-4-480-09830-6 C0110